A. ACLOQUE

(Cerrsine la Couverture)

Nos Pêcheurs

de

haute mer

TOURS

MAISON ALFRED MAME ET FILS

NOS

PÊCHEURS DE HAUTE MER

3e SÉRIE IN-4°

Le navire, épuisé, devient la victime d'une lutte inégale, et c'est alors la perte assurée
de tous ceux qui le montent.

NOS

PÊCHEURS DE HAUTE MER

A. ACLOQUE

TOURS

MAISON ALFRED MAME ET FILS

LETTRE-PRÉFACE

Mon cher monsieur Acloque,

L'assistance personnelle que vous avez donnée pendant plusieurs années à l'administration des Œuvres de mer vous a fait connaître beaucoup de détails de la vie des marins pêcheurs de Terre-Neuve et d'Islande.

En suivant l'action des navires-hôpitaux, vous avez en même temps suivi la navigation des bateaux de pêche et les péripéties de l'existence de leurs équipages; vous avez appris comment, en décrivant leurs rudes travaux et leurs misères, on pourrait faire appel aux cœurs français, chrétiens et compatissants, et apporter de véritables adoucissements à leur vie pleine de dangers.

En prenant une part, si lointaine qu'elle fût, au fonctionnement journalier de nos Maisons de famille, vous avez en outre senti comment l'assistance à la mer pouvait être complétée par l'action à terre. Vous avez compris tout le bien moral et matériel qu'il était possible de faire, sous ces deux formes, aux marins de nos grandes pêches.

L'intérêt que vous leur avez porté pendant plusieurs années,

les études auxquelles vous vous êtes livré pendant ce temps pour
seconder plus efficacement les efforts de l'administration de la Société,
vous mettent en mesure d'écrire des pages intéressantes pour faire
connaître au public l'industrie de la grande pêche et les hommes,
« ouvriers de la mer, » qui sont voués au plus pénible travail, acqué-
rant ainsi une endurance dont le bénéfice est précieux pour notre
marine militaire.

Je suis convaincu que vous saurez appeler l'attention sur les
« pêcheurs de haute mer ». C'est pourquoi je ne puis que vous encourager à poursuivre votre idée en publiant le livre qui en sera la
réalisation. Je ne doute pas que vous ne sachiez captiver l'intérêt
de vos lecteurs ; vous serez ainsi utile à de braves gens trop peu
connus dans notre pays et, par contre-coup, à la Société des Œuvres
de mer, qui n'a d'autre rôle que de leur prêter assistance sur les
lieux de pêche, où ils sont privés de toutes ressources matérielles
et morales. Je suis certain, d'ailleurs, ainsi que vous me l'exprimez,
que vous nous demeurez attaché par le cœur, et que vous serez toujours heureux de le manifester.

Agréez, mon cher monsieur Acloque, l'assurance de mes sentiments distingués.

Vice-amiral DE LA JAILLE.

Paris, le 15 octobre 1903.

INTRODUCTION

La pêche, — comme la chasse, — est une des plus anciennes industries
de l'humanité. Bien longtemps avant que les hommes ne songeassent, non
pas même à cultiver la terre, mais seulement à domestiquer les animaux
utiles, ils empruntaient les éléments de leur subsistance, d'une part, à la
cueillette des fruits, des racines, des tiges et des feuilles des végétaux comes-
tibles; d'autre part, aux produits de la chasse et de la pêche.

Ce n'est pas là une simple hypothèse, comme en imaginent de nos jours
des savants fantaisistes, mais une constatation qui repose surtout sur des
faits positifs, bien et dûment observés.

Dans les pays scandinaves, par exemple, les amas considérables de
résidus préhistoriques qui ont reçu le nom significatif de *kjoekkenmoeddings*
(rebuts ou débris de cuisine), témoignent que les hommes de cette époque
et de ces pays vivaient principalement des produits de la mer et surtout de
coquillages. Leur civilisation rudimentaire était tout à fait analogue à celle
des habitants actuels de la Terre de Feu, ou Pêcherais, qui empruntent leur
subsistance à la même source, et qui ont aussi l'usage d'en accumuler les
débris hors de l'atteinte des plus hautes marées, par suite d'une superstition
qui leur fait croire que les hôtes des mers voisines, s'ils voyaient ces débris,
seraient mis en défiance et fuiraient ce littoral. C'est peut-être un sentiment

analogue qui avait porté les Scandinaves préhistoriques à accumuler les *kjoekkenmoeddings*.

En second lieu, dans les *palafittes*, ou cités lacustres de la Suisse, on a retrouvé des débris d'hameçons, de harpons et de filets, qui prouvent que les habitants de ces régions se livraient activement à la pêche.

Enfin, parmi les objets préhistoriques qui ont été recueillis de toutes parts et que renferment aujourd'hui les musées, abondent ceux dont la matière première a été empruntée aux produits de la pêche : pointes de flèches, aiguilles formées d'arêtes de poissons, dents et vertèbres de poissons, coquilles diverses employées à de nombreux usages et surtout comme ornements.

L'antiquité de l'industrie de la pêche est donc bien établie, tant par le raisonnement à priori que par les faits.

Chose remarquable, les procédés de la pêche ont très peu varié dans le temps et dans l'espace, et cela précisément parce qu'il s'agit d'une industrie primitive, qui n'exige pas un outillage compliqué, et qui peut s'effectuer partout à peu près de la même façon.

Voilà pourquoi l'*hameçon* et le *filet* sont les types essentiels (diversement modifiés, il est vrai, mais construits l'un et l'autre sur un principe invariable), qui, partout et en tous lieux, ont inspiré toutes les formes d'engins employés pour la pêche.

L'*hameçon* peut devenir *harpon*, le *filet* peut devenir *madrague*; au fond, c'est toujours la même chose.

D'une part, un crochet appâté, où la proie s'enferre violemment. De l'autre, un piège, appâté ou non, où le poisson pénètre, de gré ou de force, et d'où il ne peut plus sortir que par la volonté du pêcheur, généralement contraire aux intérêts du prisonnier.

Tant que l'art de la navigation resta dans l'enfance, la pêche ne put s'exercer que bien timidement, le long des cours d'eau et des rivages maritimes, dans une zone forcément limitée par la profondeur de l'eau et par l'étendue des marées.

Mais, dès que les hommes devinrent assez experts dans l'art de diriger une embarcation, ils ne furent plus astreints à attendre sur le rivage, ou à proximité du rivage, la venue problématique de leur proie. Ils purent aller à sa recherche, suivre ses évolutions, en un mot, se livrer à la pêche côtière jusqu'à une distance proportionnée à leur science nautique et à la bonne tenue à la mer des bateaux dont ils disposaient.

Une fois engagés dans cette voie, il n'y avait plus de limite pour la distance à laquelle les pêcheurs pouvaient se livrer à leur industrie, selon les mœurs des animaux qu'ils poursuivaient.

Tandis que les uns ne perdaient presque jamais de vue les côtes, dans un rayon restreint autour de leur port d'attache, d'autres ne craignaient pas d'entreprendre des expéditions aventureuses jusque dans les mers les plus reculées du globe. C'est ainsi que, dès le ix° siècle, les Islandais, les Norvégiens, les Danois et les Finlandais se livraient à la pêche de la baleine jusque dans les parages du Groënland.

D'après ce qui précède, on voit que l'industrie de la pêche peut être divisée en trois catégories bien distinctes, suivant les localités où elle s'exerce :

1° La pêche en eau douce ;

2° La pêche côtière, ou *petite pêche;*

3° La pêche au large, ou *grande pêche.*

C'est seulement de cette dernière que nous avons l'intention de nous occuper dans ce livre, et encore, négligeant volontairement les pêches secondaires que nos nationaux peuvent faire au loin, concentrerons-nous uniquement notre attention sur les trois principaux centres de *grande pêche* où se rendent spécialement les marins de nos ports, savoir : Terre-Neuve, l'Islande et la mer du Nord.

Nul n'ignore que le principal butin recherché par ces pêcheurs est, à Terre-Neuve et en Islande, la morue ; dans la mer du Nord, le hareng et le maquereau.

Ce que l'on sait moins, — et ce que beaucoup de personnes ignorent même complètement, — ce sont les circonstances qui ont présidé à l'origine et au développement de cette importante pêche de haute mer ; ce sont les mœurs et les habitudes spéciales des poissons qui en sont l'objet et dont il a fallu tenir grand compte dans l'adoption des procédés de pêche ; ce sont l'organisation et l'outillage de cette pêche, les nécessités multiples qu'elle comporte, les dangers qu'elle présente ; ce sont le recrutement, les bénéfices, les mœurs des équipages qui s'y livrent ; c'est, enfin, l'importance capitale qu'elle a pour la France, tant au point de vue économique qu'au point de vue de notre suprématie maritime.

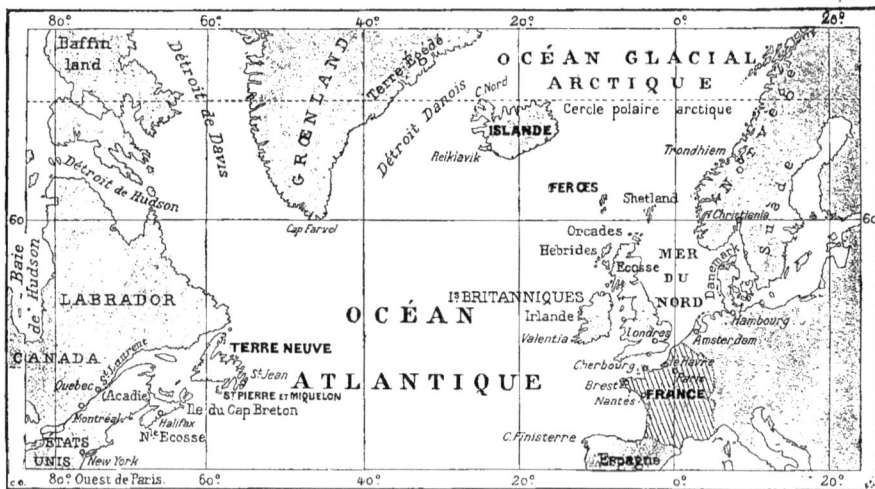

Régions des grandes pêches : Terre-Neuve, Islande, mer du Nord, mer d'Irlande, golfe de Gascogne.

Notre intention, dans cet ouvrage, est justement de mettre en lumière ces diverses questions trop peu connues, de montrer l'intérêt qu'elles offrent pour tout le monde.

Lorsqu'on n'est jamais entré dans le détail de toutes les choses relatives à la grande pêche, on se figure volontiers qu'elles sont extrêmement techniques et par suite trop arides pour la grande majorité du public. C'est une erreur profonde. Rien de plus attrayant que cette étude, lorsqu'on ne s'en tient pas aux chiffres et aux grandes lignes, mais qu'on pénètre, au contraire, avec curiosité dans la trame vivante de cette activité humaine, sans cesse renouvelée, qui poursuit depuis des siècles le même objet. Si on cherche à se rendre compte de toutes choses, à connaître le pourquoi et le comment des origines, de l'histoire et de l'organisation de la grande pêche, c'est une véritable révélation qui se fait à l'esprit, et l'on finit par être, en même temps que séduit, absolument étonné d'avoir été si longtemps étranger à ces faits d'un palpitant intérêt.

Certes, il n'est guère de phénomènes de l'activité humaine qui n'ait sa valeur ; mais celui-ci présente une importance toute spéciale, ainsi que nous nous efforcerons de le démontrer dans les pages qui vont suivre.

Désireux d'offrir aux lecteurs un tableau exact et animé de l'existence et des occupations de nos pêcheurs de haute mer, nous tenons en même temps à procéder avec une méthode suffisamment précise pour que cette étude joigne, si faire se peut, à l'attrait du sujet traité la clarté de l'exposition et le groupement systématique des documents que nous avons empruntés aux sources les plus sûres et les plus autorisées.

Dans ce double but, voici le plan que nous avons jugé le plus rationnel et que nous avons adopté.

Ce livre sera divisé en trois parties, dont les titres respectifs indiquent suffisamment l'objet.

Première partie : *Nos pêcheurs à Terre-Neuve ;*

Deuxième partie : *Nos pêcheurs en Islande ;*

Troisième partie : *Nos pêcheurs dans la mer du Nord.*

Chaque partie comporte plusieurs chapitres relatifs aux points suivants : histoire naturelle des poissons qui font l'objet de la pêche au large, origine et historique de la grande pêche, sa situation actuelle, son organisation, ses procédés, ses produits, ses circonstances accessoires, son importance économique, sociale et politique, les œuvres de prévoyance et de secours qui s'y rattachent.

Un sentiment doux et consolant se dégage de ces études en apparence limitées à l'examen utilitaire des choses. Elles nous montrent qu'aucune parcelle du labeur humain ne reste improductive ou isolée, que tout se tient dans l'harmonie universelle, et que le rude marin halant pendant des mois sa lourde ligne, perdu dans la mer tempêtueuse ou brumeuse des Bancs, accomplit ainsi le rôle que la Providence lui a destiné, tout comme les astres sans nombre qui décrivent dans l'immensité des cieux leur orbe sans fin, en racontant la gloire de Dieu !

PÊCHEURS DE HAUTE MER

PREMIÈRE PARTIE

NOS PÊCHEURS A TERRE-NEUVE

I

HISTOIRE NATURELLE DE LA MORUE

Place de la morue parmi les autres poissons. — Alliés et proches parents de la morue. — Description de la morue : ses mœurs, son habitat, ses diverses espèces. — Pourquoi la pêche de la morue est-elle aussi importante ?

Pour se rendre bien compte de ce qu'est la pêche de la morue, il convient de préciser tout d'abord la nature de ce poisson, et de dire quels sont ses mœurs, son habitat, les qualités qui le font rechercher.

Déterminer la véritable place qu'occupe un poisson dans la vaste classe de vertébrés dont il fait partie, est loin d'être une chose aisée, et cela parce qu'il n'existe peut-être pas d'animaux plus dépourvus que les poissons de ces caractères rigoureux qui sont indispensables pour pouvoir établir des divisions réellement naturelles.

C'est même ce qui fait que la classification de ces êtres est une de celles qui ont le moins subi de modifications, en dépit du grand nombre de savants qui s'en sont occupés. Les idées qui y dominent encore actuellement sont celles d'Artédi ou Pierre Artedius (1705-1735), contemporain et ami de Linné, le premier qui conçut, avec une perspicacité vraiment remarquable et qu'on ne saurait trop admirer, une division rationnelle des poissons. Artédi s'étant noyé accidentellement à Amsterdam, à peine âgé de trente ans, Linné, héritier de ses manuscrits, les publia à Leyde, en 1738, sous ce titre : *Ichthyologia, sive Opera omnia de Piscibus*[1].

Nous n'avons pas à entrer ici dans tous les détails de cette œuvre, restée classique. Nous n'en retiendrons que ce qui importe à notre objet.

Ce fut Artédi qui proposa de désigner sous le nom de *Malacoptérygiens*, ou poissons à nageoires molles, le groupe des poissons à squelette osseux, dont tous les rayons des nageoires sont mous, à l'exception du premier et quelquefois du second, qui sont épineux. Il réservait, au contraire, le nom d'*Acanthoptérygiens* pour ceux dont les rayons des nageoires sont tous épineux.

Cuvier, en adoptant cette division, partagea les Malacoptérygiens en trois ordres, d'après la disposition des nageoires ventrales : les *Abdominaux*, caractérisés par des nageoires ventrales suspendues sous l'abdomen; les *Apodes*, qui sont dépourvus de nageoires ventrales, et enfin les *Subbrachiens*, ainsi nommés parce que leurs nageoires ventrales sont situées au-dessous des branchies et rattachées aux os de l'épaule.

Depuis, les Subbrachiens de Cuvier ont été démembrés des Malacoptérygiens, pour constituer un groupe à part sous le nom d'*Anacanthiniens*.

Cette division est fondée sur ce fait que les poissons de ce groupe ont tous les rayons des nageoires dorsales mous. En outre, ils n'ont pas de canal aérien à leur vessie natatoire. Cet ordre comprend les familles nombreuses des *Ophidiidés*, des *Gadidés*, des *Pleuronectidés* et des *Scombrésocidés*.

Nous voici, par un chemin détourné, mais nécessaire, arrivés à notre objet.

En effet, le type de la famille des Gadidés, que nous venons de mentionner, c'est justement le *Gade Morue*, dont nous avons à écrire l'histoire et dont le lecteur connaît maintenant fort bien la parenté.

Insistons sur les caractères généraux de sa famille. Celle-ci comprend

---

[1] Cet ouvrage, exposé avec goût et méthode, fut réédité en 1788; mais la seconde édition, augmentée par un compilateur sans jugement, est loin de valoir la première.

tous les poissons caractérisés de la façon suivante : corps de forme moyen-
nement allongée, un peu comprimé, couvert de petites écailles molles, sauf
sur la tête, qui est sans écailles et qui porte souvent des barbillons autour
de la bouche. Toutes les nageoires sont à rayons mous; il y a souvent deux
ou trois nageoires dorsales et deux nageoires anales, et la plupart des
Gadidés ont une nageoire caudale distincte. Les dents sont pointues, iné-

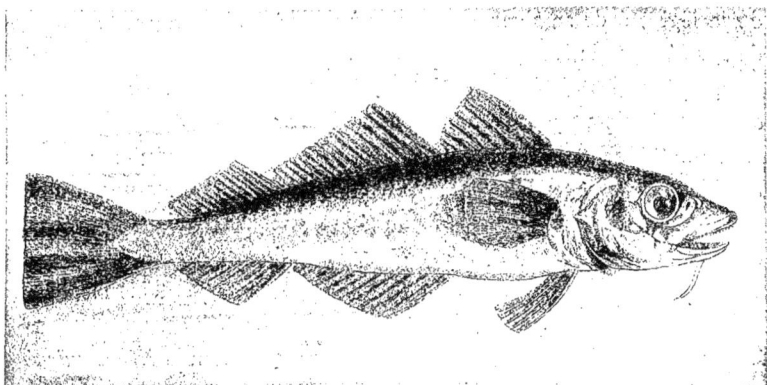

La morue commune.

gales, moyennes ou petites, et disposées en plusieurs rangs, formant râpe,
sur les mâchoires et le vomer ou os du palais.

La plupart des poissons dont est composée cette famille sont l'objet d'une
pêche importante. Leur chair est blanche et généralement saine, légère et
agréable. Ils ont entre eux des rapports si intimes de forme et d'organisation, qu'il faut une grande sagacité à l'observateur pour les distinguer
les uns des autres. Aussi Linné les avait-il tous groupés dans son grand
genre *Gade,* qui correspond à peu près exactement à la famille actuelle des
Gadidés.

On a réussi à établir, dans cette nombreuse famille, les neuf genres
suivants, sur de légères différences observées dans le nombre ou dans la
forme des nageoires, dans la présence ou dans l'absence des barbillons : les

2

Morues proprement dites, les *Merlans*, les *Merluches*, les *Lottes*, les *Motelles*, les *Brosmes*, les *Brotules*, les *Phycis*, les *Raniceps*.

Les diverses espèces qui composent ces genres sont l'objet d'une pêche d'autant plus active et d'autant mieux organisée qu'elles sont plus fécondes, et que leur prolifération peuple davantage d'individus les parages où elles vivent.

C'est ainsi que le *Merlan commun*, très répandu et fort estimé en raison de la légèreté de sa chair, donne lieu à une pêche importante tout le long de nos côtes de la Manche et de l'Océan.

On pêche les *Merluches* dans toutes les mers de l'Europe; et, une fois salées et séchées, elles prennent le nom bien connu de *stock-fish*.

La *Lotte de mer*, ou « morue longue », est l'objet d'une pêche presque aussi importante que celle de la Morue proprement dite. Un seul individu de cette espèce peut produire le nombre prodigieux de trois millions quatre cent quarante-quatre mille œufs.

On pêche, on sèche et on sale également, dans une certaine mesure, les *Brosmes* et les *Phycis*.

Mais ce sont incontestablement les *Morues*, et surtout la *Morue vulgaire*, morue proprement dite, *Cabillaud* ou *Cabeliau*, le *Gadus morrhua* de Linné, qui donnent lieu à l'exploitation la plus connue et la plus fructueuse.

Nous avons déjà dit quels sont les principaux traits caractéristiques du genre *Morue*.

En ce qui concerne plus particulièrement la morue commune, dont le portrait est représenté plus haut, elle est facilement reconnaissable à son corps allongé, légèrement comprimé, épais en avant, atténué à l'arrière, et revêtu d'écailles plus grandes que celles qui recouvrent les autres poissons de la famille des Gadidés. La bouche est grande. La mâchoire supérieure est plus avancée que la mâchoire inférieure, et, au bout de celle-ci, on voit pendre un assez grand barbillon. Ces deux mâchoires sont armées de plusieurs rangées de fortes dents aiguës en forme de cardes.

Cette espèce de morue peut atteindre plus d'un mètre quatre-vingts centimètres de longueur et peser jusqu'à cinquante kilogrammes.

Elle est d'un gris cendré ou olivâtre, avec des taches jaunâtres ou brunes sur le dos. La partie inférieure du corps est blanchâtre. Les nageoires pectorales sont jaunâtres; une teinte grise distingue les jugulaires ainsi que la seconde anale. Toutes les autres nageoires présentent des taches jaunes.

Si, des caractères extérieurs de la morue, nous passons à sa conformation interne, nous constatons que ses organes digestifs lui permettent d'avaler, en un espace de temps très court, une quantité considérable d'aliments.

Très vorace, elle se nourrit indistinctement de poissons, de mollusques et de crabes. Ses sucs digestifs sont tellement puissants, leur action si prompte, qu'en moins de six heures un petit poisson peut être digéré en entier dans son canal intestinal, et que de gros crabes coriaces y sont aussi bientôt réduits en pulpe.

La morue est même si avide, qu'elle avale souvent des morceaux de bois ou d'autres substances inertes qui ne peuvent, en aucune manière, lui servir de nourriture. D'après certains auteurs, elle jouit de la même faculté que possèdent les squales, d'autres poissons destructeurs, et les oiseaux de proie : celle de pouvoir rejeter facilement par la bouche les corps étrangers et indigestes qu'elle a introduits par mégarde dans son estomac.

L'eau douce ne paraît aucunement convenir à la morue commune : on ne la rencontre jamais dans les fleuves ou dans les rivières. Elle ne s'approche même ordinairement des rivages maritimes qu'à l'époque du frai; pendant tout le reste de l'année, elle se tient de préférence dans les profondeurs des mers.

Lorsque la nécessité de pourvoir à leur subsistance, ou le besoin de se débarrasser de leurs œufs chasse les morues vers les côtes, elles se rassemblent en bandes nombreuses, principalement près du rivage ou sur les bancs couverts de crabes ou de moules, vivent sur les bas-fonds et viennent souvent, pour déposer leurs œufs, dans les baies peu profondes, sur des fonds rocailleux parsemés de grosses pierres.

Ce temps du frai, qui entraîne les morues vers le rivage, est très variable suivant les latitudes qu'elles habitent, et coïncide généralement avec l'époque où l'influence du printemps commence à se faire sentir dans ces parages.

La morue commune n'habite que les parties septentrionales du globe. Dans l'océan Atlantique, elle ne descend pas vers le sud au delà de 40° de latitude nord. Au nord, on commence à la trouver un peu au-dessus de l'Islande, — entre cette île et l'île de Jean-Mayen ; — mais elle est bien plus abondante sur les côtes méridionales et occidentales de l'île, comme aussi sur celles de la Norvège, dans la mer Baltique, et, dans la mer du Nord, à la hauteur des îles Orcades et des îles Hébrides.

Sur nos côtes de France, elle est assez commune dans le Pas-de-Calais et dans la Manche, devient plus rare le long de la Bretagne, très rare dans le golfe de Gascogne, et elle semble avoir disparu tout à fait vers le détroit de Gibraltar.

Le long des côtes américaines, le principal rendez-vous de la morue est autour de l'île de Terre-Neuve et sur les bancs qui se trouvent à la hauteur du Cap-Breton, de la Nouvelle-Écosse et de la Nouvelle-Angleterre.

La morue commence à s'approcher en janvier des côtes européennes. D'ordinaire, c'est vers le mois de février que le frai (ponte des œufs) a lieu le long de la Norvège, du Danemark, de l'Angleterre et de l'Écosse. Autour de Terre-Neuve, au contraire, le climat étant beaucoup plus froid, l'époque de la ponte est reculée jusqu'en mai. Toutefois la morue affectionne plus particulièrement ces derniers parages, parce qu'elle y trouve en abondance la nourriture qui lui convient.

Ce poisson est d'une fécondité extraordinaire. Ascagne parle d'un individu de cette espèce qui avait un mètre trente centimètres de longueur et qui pesait vingt-cinq kilogrammes. Il renfermait neuf millions d'œufs. Leuwenhoek a compté neuf millions trois cent quatre-vingt-quatre mille œufs dans une autre morue de moyenne taille.

Si le plus grand nombre de ces œufs n'était pas détruit par divers accidents ou dévoré par différents animaux, on voit que les morues se multiplieraient en quantité telle que leur espèce finirait par devenir prépondérante dans toutes les mers froides ou tempérées du globe.

C'est justement l'abondance de la morue qui a rendu sa pêche fructueuse et a permis d'en faire l'une des plus importantes des industries maritimes.

Avant d'aborder ce sujet, disons quelques mots rapides de trois autres espèces intéressantes du genre Morue : l'*Églefin* (*Gadus æglefinus*), le *Dorsch* ou *Petite Morue* (*Gadus callarias*) et le *Capelan* (*Gadus minutus*).

L'Églefin a beaucoup de rapports avec la Morue franche, mais sa taille dépasse rarement soixante centimètres de longueur. Il est d'une forme plus allongée, et sa première nageoire dorsale est en pointe. Il est de couleur grise avec une tache noire derrière les ouïes. Ses mœurs sont celles du Cabillaud, mais sa chair est plus savoureuse. Il se pêche de la même manière. Son aire d'habitat est aussi à peu près identique à celle de la Morue vulgaire, sauf qu'il ne va, dit-on, jamais dans la mer Baltique.

Le Dorsch, tout au contraire, habite de préférence la mer Baltique et se tient fréquemment à l'embouchure des grands fleuves, dans le lit desquels

Le capelan (*Gadus minutus*).

il remonte même quelquefois avec la marée. Il est rare qu'il ait plus de trente centimètres de longueur et qu'il pèse plus d'un kilogramme.

Le Capelan, plus petit encore, ne dépasse pas vingt à vingt-cinq centimètres; il est d'un brun rougeâtre, piqueté de noir, argenté sous le ventre, avec une tache noire sur les flancs et les nageoires ventrales rosées. Il est rare sur les côtes françaises de l'océan Atlantique et de la Manche, plus commun dans la mer du Nord, extrêmement commun aux environs de Terre-Neuve. Il se tient à une assez grande profondeur et s'y nourrit de petits crustacés.

Nous aurons à reparler ci-après, tout au long, du capelan et de sa pêche, car ce poisson est surtout employé comme appât pour la morue, qui en est très friande. Aussi l'arrivée du capelan dans les mers du Nord est-elle saluée avec joie, car elle annonce aux pêcheurs la venue prochaine de la morue.

Avant de terminer ce chapitre préliminaire, insistons de nouveau sur cette remarque, que nous avons déjà faite, car elle éclaire d'un grand jour le sujet qui nous occupe : c'est que l'importance que prend, dans l'industrie générale des pêcheries, une pêche spéciale est en raison directe du nombre plus ou moins considérable d'individus qu'atteint l'espèce de poissons qui en est l'objet.

Voilà pourquoi la pêche du hareng, du maquereau, de la sardine, de l'alose, de l'anchois, du merlan, du thon, du saumon, etc., etc., a toujours été beaucoup plus considérable que celle de la sole ou du turbot, bien que ces derniers poissons soient plus recherchés.

C'est la quantité des individus réunis par bancs ou par immenses bandes qui permet d'en faire une exploitation industrielle fructueuse, — et c'est là ce qui explique que la pêche de la morue ait été, depuis un temps immémorial, la plus importante de toutes, concurremment avec celle du hareng.

Maintenant que nous sommes bien renseignés sur son objet, nous allons aborder l'intéressante histoire de l'origine et du développement de cette pêche.

II

HISTOIRE DE LA PÊCHE DE LA MORUE

Ancienneté de la pêche de la morue. — La pêche dans les mers du nord de l'Europe. — Découverte de l'Amérique. — La pêche à Terre-Neuve. — Français et Anglais. — Le traité d'Utrecht (1713).

Le plus ancien texte relatif à la pêche de la morue remonte à l'année 888. Ce texte nous révèle que la pêche de la morue avait lieu alors dans les eaux de l'île d'Héligoland, à l'embouchure de l'Elbe; mais il est bien certain que cette industrie était beaucoup plus ancienne, et qu'elle se pratiquait déjà, depuis une époque immémoriale et sur la plus large échelle, le long des côtes de la Norvège, particulièrement autour de l'archipel des Lofoden.

Les Islandais et les habitants du nord-ouest de l'Écosse se sont également livrés de très bonne heure à cette pêche. Les derniers exploitaient plus particulièrement la mer d'Irlande et la partie de l'océan Atlantique qui baigne les îles Hébrides.

Les Anglais et les Hollandais n'ont commencé à se livrer activement à la pêche de la morue que dans les premières années du xive siècle.

A partir de cette époque, les plus grandes pêcheries de morues furent situées dans les mers du Nord, à la hauteur des îles occidentales anglaises. C'est là que se rassemblaient les navires de toutes les nations commerçantes.

Toutefois, c'était principalement vers l'Islande que la pêche était le plus fructueuse. Les Anglais s'y rendaient dès avant l'année 1415, car l'histoire rapporte que Henri V était disposé à donner satisfaction au roi de Danemark pour quelques irrégularités que ses sujets avaient commises dans ces mers. Sous le règne d'Édouard IV, un traité vint les exclure de la pêche. Plus tard, on voit que la reine Élisabeth obtint du roi de Danemark, Christian IV, l'autorisation de pêcher dans ces parages. Sous son successeur, cent cinquante navires anglais au moins étaient employés à la pêche d'Islande, faveur due vraisemblablement au mariage de Jacques avec une princesse de Danemark.

La découverte de l'Amérique du Nord, à la fin du xvᵉ siècle, vint donner une extension inouïe à cette industrie, et eut pour résultat de faire passer au second plan les pêcheries de l'Islande, sur lesquelles nous reviendrons spécialement et en détail dans la deuxième partie de cet ouvrage.

On peut même dire que l'introduction de la pêche de la morue dans les parages de l'Atlantique nord-occidental avait précédé la date de la découverte officielle et classique de l'Amérique, telle que nous l'admettons aujourd'hui ; car, non seulement Terre-Neuve paraît avoir été connue des Norvégiens dès le xiᵉ siècle, mais encore il est fort nettement démontré que, dès l'année 1404, des pêcheurs basques, normands et bretons, se livraient déjà à la pêche de la morue sur le littoral de l'île de Terre-Neuve, sur le grand banc qui porte le même nom, et jusqu'à l'embouchure du fleuve Saint-Laurent. On ne sait pas au juste à quelle époque ils avaient commencé à pratiquer cette pêche, mais il est vraisemblable que ces expéditions lointaines se poursuivaient déjà depuis longtemps à l'insu de tout le monde, et qu'elles étaient tenues aussi secrètes que possible, afin d'éviter toute concurrence étrangère.

Quoi qu'il en soit, l'histoire officielle attribue généralement l'honneur de la découverte de l'île de Terre-Neuve au navigateur vénitien Jean Cabot ou *Gaboto,* et à son fils Sébastien, qui, étant au service de Henri VII, roi d'Angleterre, reconnurent cette terre, le 24 juin 1497, lui donnèrent le nom de *New-Foundland* (Terre-Neuve), et en prirent possession au nom de ce monarque. Cependant de bons auteurs affirment qu'ils ne débarquèrent en aucun endroit.

En 1500, Gaspard de Cortereal, gentilhomme portugais, aborda dans une baie de l'île de Terre-Neuve et lui donna le nom de *baie de la Conception*. Il visita ensuite toute la côte orientale de l'île et le continent voisin, où les anciennes cartes placent, en effet, une « Terre de Cortereal » ; mais il ne fit nulle part aucun établissement.

Champlain raconte qu'après un second voyage à Terre-Neuve, Gaspard de Cortereal périt sur mer en retournant au Portugal, et que Michel de Cortereal, son frère, ayant voulu poursuivre la même découverte, éprouva le même sort.

A partir de cette époque apparaissent, d'une manière officielle, les navigateurs français.

Le grand banc de Terre-Neuve, si poissonneux, fut découvert, paraît-il, en 1504, par des marins de Saint-Malo.

En 1506, Jean Denys, de Honfleur, publia une carte des côtes de l'île de Terre-Neuve et des environs.

En 1525, le Florentin Jean Verazzani visita l'île de Terre-Neuve et en prit possession au nom du roi de France, François Ier.

En réalité, elle ne fut, à cette époque, véritablement occupée ni par les Anglais ni par les Français.

Cependant on n'avait pas tardé à s'apercevoir de l'arrivée annuelle, dans ces parages, d'énormes bancs de morues. Aussi l'avantage de Terre-Neuve, comme lieu de pêche pour ce poisson, fut-il rapidement apprécié à sa juste valeur. Dès 1517, c'est-à-dire vingt ans à peine après la découverte de cette île, ses eaux devinrent le rendez-vous d'un nombre relativement considérable pour cette époque (plus de cinquante) de navires pêcheurs appartenant à différentes nationalités : français, anglais, espagnols et autres.

En 1534, Jacques Cartier, de Saint-Malo, côtoya l'île de Terre-Neuve, depuis le cap de Bonneville jusqu'au port de Sainte-Catherine.

Un armateur de La Rochelle, appelé Rivedon, fut, dit-on, le premier Français qui, en 1536, essaya d'exploiter régulièrement le « Banc » de Terre-Neuve, mais il ne put y réussir. Deux nouvelles tentatives, exécutées un peu plus tard, par deux autres Français : La Giraudière, de Nantes, et le Normand Doublet, ne furent pas plus heureuses.

Néanmoins, en 1578, la France avait sur les « bancs » cent cinquante navires; l'Espagne, de cent vingt à cent trente; le Portugal, cinquante; l'Angleterre, de trente à cinquante.

En 1583, Gilbert Humphrey, chevalier anglais, prit de nouveau possession de l'île de Terre-Neuve, au nom de la reine Élisabeth, afin d'y organiser la pêche de la morue.

Toutefois, les pêcheries de ces parages n'ont commencé à prendre des développements un peu considérables que dans la première moitié du xvii° siècle.

Jusqu'au milieu du xviii° siècle, la pêche fut exploitée surtout par les Français, par les Anglais et par les Américains.

Les matelots ne descendaient à terre que pour y faire sécher leur poisson, et se bornaient à élever, à cet effet, au hasard du lieu où les conduisait leur pêche, de grossiers échafaudages, dont la forêt voisine fournissait les matériaux et qui, chaque hiver, étaient abandonnés.

Néanmoins, petit à petit, Terre-Neuve fut colonisée à la fois par des Français et par des Anglais, et il se produisit tout naturellement entre eux comme une sorte de partage de fait de l'île, bien longtemps avant que les hommes d'État et les diplomates des deux métropoles n'eussent songé à faire, d'une délimitation de ce genre, l'objet d'aucune convention régulière.

Ce partage remonte, en réalité, aux premiers temps historiques de la colonie. En effet, dès le xvii° siècle, on trouve déjà les deux établissements rivaux : celui des Français ayant son centre à Plaisance, celui des Anglais ayant le sien à Saint-John, dans la péninsule d'Avalon.

Les dernières années du xvii° siècle furent remplies par de longues guerres entre la France et l'Angleterre. Ces guerres eurent naturellement leur contre-coup dans les parages lointains de Terre-Neuve. Aussi n'y voit-on, à cette époque, qu'expéditions coup sur coup répétées, avec une fortune variable de part et d'autre.

On se battait lorsqu'on en trouvait l'occasion, entre deux pêches, et comme pour se divertir. Au total, la terre était grande, la mer était vaste, les morues abondantes, et ni les uns ni les autres représentants des deux partis en présence ne se faisaient beaucoup de mal.

Tantôt les Anglais s'emparaient de Plaisance. Tantôt, au contraire, les Français étaient maîtres de Saint-John. Ce dernier cas se présenta, notamment dans l'année qui précéda la paix de Ryswick, en 1696; et ce fut encore le cas, plus tard, en 1708. Cette fois même, les pêcheurs français devinrent les maîtres incontestés de toute l'île pendant plusieurs années et en restèrent les seuls occupants. Cela tient à ce que la France possédait alors le Canada : par suite, nos vaisseaux parcouraient sans cesse les parages de Terre-Neuve, et leur rencontre eût pu être dangereuse pour des pêcheurs anglais. En conséquence, ceux-ci préféraient s'abstenir d'expéditions aussi aventureuses.

Tel était l'état des choses lorsque l'heure des revers sonna pour la France. En réalité, Français et Anglais étaient établis à Terre-Neuve exactement au même titre. Les pêcheries françaises étaient, d'ailleurs, alors, ainsi que nous venons de le voir, de beaucoup les plus importantes.

L'article 13 du traité de paix et d'amitié conclu en 1713 à Utrecht entre la France et la Grande-Bretagne vint déterminer d'une manière précise l'extension et les limites des droits réciproques des deux pays à Terre-Neuve. C'est le premier acte régulier duquel puisse être datée l'histoire diplomatique de la colonie.

Par cet article, le cabinet de Versailles cédait à la reine Anne la souveraineté entière de l'île ; mais, en agissant ainsi, ce n'était pas une conquête que nous reconnaissions, puisque les hasards de la guerre, si funestes pour nous en Europe, nous avaient, au contraire, été favorables à Terre-Neuve. C'était donc, en réalité, une véritable concession que nous faisions d'un droit dont nous étions auparavant co-partageants avec l'Angleterre. Cela est si vrai, qu'en cédant notre droit de souveraineté et par le même article, nous nous réservions, comme par le passé, le droit absolu et imprescriptible de la pêche sur les côtes d'une moitié de l'île environ, depuis le cap Bonavista jusqu'à la Pointe-Riche, en passant par le nord de l'île.

Pour que cette réserve ne fût pas illusoire, il était absolument indispensable qu'une possession quelconque fût allouée aux pêcheurs français, afin qu'il leur fût possible de procéder à l'opération nécessaire du séchage pour la conservation de leur poisson. Aussi, à dater du traité d'Utrecht, — bien que les sujets du roi très chrétien ne fussent plus autorisés à établir à *poste fixe*, dans l'île, aucune *habitation* de quelque genre que ce fût, ils conservèrent le droit d'y édifier les échafauds et les cabanes nécessaires pour le séchage du poisson, — mais cela, durant la saison de la pêche seulement, et uniquement sur la partie du littoral où ils étaient autorisés à pêcher.

Donc, rien de plus clair, au premier abord, que cet article 13 du traité d'Utrecht : d'une part, souveraineté absolue de l'Angleterre sur l'ensemble du territoire de Terre-Neuve ; — d'autre part, partage équitable du droit de pêche et de séchage du poisson, les Français se réservant le littoral septentrional de l'île entre le cap Bonavista et la Pointe-Riche, — les Anglais ne pouvant se livrer à la pêche que sur la partie méridionale du littoral comprise entre ces mêmes limites.

Pour nous indemniser de la perte de notre établissement de Plaisance, le traité nous autorisait à fortifier, dans l'île du Cap-Breton, autant de points que nous le jugerions convenable.

Les choses allèrent ainsi jusqu'au traité de Paris en 1763. Cette fois, la guerre avait été désastreuse pour nous dans ces parages. Nous y perdions, non seulement le Cap-Breton et le poste important de Louisbourg, mais encore les deux Canadas. Néanmoins, les négociateurs du traité consacrèrent expressément à nouveau, dans l'article 5, la stipulation du traité d'Utrecht, et, comme ils reconnaissaient la nécessité pour la France d'avoir, dans ces mers, un point d'appui pour ses pêcheries, ils nous attribuèrent la souveraineté des seules petites îles de Saint-Pierre et de Miquelon, à titre de compensation de la perte du Cap-Breton.

Cette compensation était bien infime en comparaison du domaine perdu ; mais, d'une part, le principe, par ce moyen, était sauvegardé, et, d'autre part, elle a, en réalité, servi de base au développement magnifique de la pêche française.

Depuis cette époque, malgré bien des discussions, malgré un nombre incalculable d'arrangements, conventions, propositions, accords, ratifications, malgré des flots d'encre versés, malgré la diplomatie et tous les diplomates, rien d'essentiel n'a été modifié dans la clause du traité d'Utrecht.

Aujourd'hui, comme alors, les Français peuvent pêcher du cap Saint-

Jean au cap Raye (nous allons voir, quelques lignes plus loin, les motifs de cette légère modification de limites), en passant par le nord, le long du littoral qui porte, depuis cette époque, le nom de *French Shore* (Rivage français).

Ils ont le droit d'élever, sur ce même littoral, des constructions d'un caractère non permanent et d'y préparer les produits de leur pêche, pendant l'été seulement, du 5 avril au 5 octobre. L'hiver, ces grands hangars, ces *chauffauds*, comme les appellent nos pêcheurs, sont confiés à des gardiens anglais; et si, d'une part, la loi interdit aux habitants du pays de les endommager, d'autre part, les Français ne doivent point y séjourner.

C'est cette situation bizarre qui a suscité l'amusante boutade suivante de M. Ed. du Hailly [1], boutade qui, malgré son caractère en apparence fantaisiste, ne manque cependant pas d'une certaine justesse :

« *A beau mentir qui vient de loin!...* Telle était la réflexion discourtoise dont, le plus souvent, les récits du voyageur étaient jadis accueillis. Aujourd'hui, comme à proprement parler nul ne revient de loin, puisque tout le monde va un peu partout, le vieux proverbe ne semble plus avoir sa raison d'être.

« Je suppose, cependant, qu'un touriste de profession, rentrant à Paris après sa promenade d'été, s'avise de raconter dans un salon qu'il revient d'un singulier pays, organisé de cette façon, au rebours du sens commun :

« Une seule industrie y est possible, et, bien que l'on n'y puisse vivre que par elle, les possesseurs du sol n'ont pas le droit de l'exercer, par la raison que le monopole de ce droit est réservé à une autre nation vivant très loin de là, laquelle, en revanche, ne peut, à aucun titre, acquérir la souveraineté territoriale de l'île en question, et n'y peut, qui plus est, résider d'une manière permanente.

« — Voilà certes, dira-t-on, un étrange galimatias de choses et d'idées : ce phénomène bizarre, dans quel coin du monde faut-il l'aller chercher?

« Il n'est qu'à quelques journées de vapeur de nos côtes, répondra le voyageur.

[1] Ed. du Hailly, *Six mois à Terre-Neuve*. (*Revue des Deux-Mondes*, 15 août 1868.)

« Le plus plaisant de l'affaire, c'est que cet état de choses compte près
de deux siècles d'existence, et qu'il a été établi, après de longues délibé-
rations, par tous les sages de l'Europe solennellement réunis en congrès.
Cet arrangement fut même trouvé si satisfaisant, que depuis lors, c'est-à-dire
depuis près de deux cents ans, toutes les fois que les successeurs desdits
sages se sont assemblés de nouveau pour statuer sur les destinées de
l'Europe, ils ont, d'un commun accord, reproduit textuellement les dispositions prises au premier congrès.

« Telle est, en effet, en deux mots, la véridique histoire de notre
situation au French Shore, l'un des plus curieux chefs-d'œuvre et l'un des
mieux réussis que l'on puisse citer dans les annales de la diplomatie euro-
péenne. Sur cette côte, dont la *souveraineté* appartient à l'Angleterre, et où
l'on ne peut vivre que de pêche, l'Anglais, habitant du pays, n'a pas le
droit de pêcher ; c'est un monopole réservé à la France ! »

Ce n'est pas sans une certaine appréhension que nous abordons le récit
des complications qui ont eu lieu depuis près de deux cents ans. Chacun
explique le traité de la façon la plus conforme à ses avantages. Les Français
ont-ils un droit *exclusif* sur le French Shore ? Les Anglais ne peuvent-ils
s'établir sur cette côte, y pêcher au cas où aucun Français n'est lésé, y
installer des établissements industriels ? M. de Vergennes, par le traité de
Versailles, en 1783, a-t-il autorisé des changements ? A-t-il été négociateur
maladroit au moment où l'Angleterre, vaincue aux États-Unis, devait recevoir des conditions au lieu d'en dicter ? Tout cela serait trop long à éclaircir,
et, d'ailleurs, où serait le mérite des diplomates si les traités étaient clairs ?

Ce qu'il y a de certain, c'est qu'en 1783, l'article 5 du traité de Versailles rappelle les dispositions du traité d'Utrecht et leur donne une sanction
nouvelle. Seulement, une partie de la côte qui nous était attribuée ayant
été, pendant la guerre, abandonnée par nous et occupée par les Anglais,
on convint, afin d'éviter tout sujet de querelle, de reporter notre limite
orientale du cap Bonavista au cap Saint-Jean, en même temps que, comme
compensation sur la côte occidentale, nous nous étendrions au delà de la
Pointe-Riche jusqu'au cap Raye. C'était un échange territorial très équita-
blement conçu et librement consenti de part et d'autre.

Par la déclaration du 3 septembre 1783, le roi de la Grande-Bretagne, désireux de mettre fin aux querelles incessantes qui s'élevaient entre pêcheurs français et pêcheurs anglais, avertissait ses sujets d'avoir à ne plus troubler en aucune manière par leur concurrence la pêche des Français, pendant que ceux-ci exerçaient temporairement leurs droits sur les côtes de Terre-Neuve. Il leur enjoignait de retirer les établissements sédentaires qu'ils auraient pu fonder sur la côte française, et renouvelait aux pêcheurs français l'autorisation de couper le bois nécessaire à la réparation de leurs échafaudages, cabanes et bâtiments de pêche.

Telles sont les stipulations générales qui ont réglé la situation réciproque des pêcheurs français et des pêcheurs anglais dans les eaux et sur les rives de Terre-Neuve, jusqu'à la fin du xviiie siècle.

La pêche qui était exercée par les habitants de la Nouvelle-Angleterre devint, à la suite du succès de la guerre de l'Indépendance, la propriété des États-Unis. La Grande-Bretagne tenta bien d'en exclure ces derniers; mais, comme ceux-ci avaient la faculté de retenir les provisions et d'autres articles indispensables à la pêche, le projet n'eut point de suite.

Les Américains, comme les nationaux de tous les autres pays, purent donc prendre du poisson à trois milles du rivage des possessions anglaises, et le sécher sur la côte la plus voisine leur appartenant. Ils exploitaient, de cette façon, une pêche très étendue; néanmoins, les Anglais en avaient conservé la plus grande part. En 1787, 1788, 1789, ceux-ci avaient, en moyenne, 402 navires, 1 911 bateaux et 16 856 marins occupés à la pêche sur diverses parties du littoral du continent et des îles de l'Amérique.

Vers 1789 également, époque à laquelle notre marine était florissante, huit mille Français allaient, chaque année, braver les ouragans et les intempéries du climat brumeux de Terre-Neuve. Quelques années après, on sait trop à quelle situation déplorable nos guerres, presque exclusivement continentales, avaient réduit notre puissance maritime. Nos vaillants matelots, sortant joyeusement de nos ports, ne rêvaient que la gloire; mais bientôt, hélas! presque toujours écrasés par le nombre, ils ne rencontraient que la mort, ou une captivité peut-être plus affreuse encore sur les pontons anglais.

Pendant les guerres de la Révolution et de l'Empire, les îles Saint-Pierre et Miquelon nous furent enlevées. Dès lors, la France ne participant plus à la pêche, celle des Anglais atteignit un degré extraordinaire de prospérité, la valeur totale des produits de Terre-Neuve ayant, en 1814, excédé soixante-dix millions de francs.

Mais le traité d'Amiens, en 1802, et, plus tard, les traités de Paris du 30 mai 1814 et du 20 novembre 1815, revinrent purement et simplement à l'état de choses existant avant 1792, c'est-à-dire aux dispositions de 1783, confirmatives de celles du traité d'Utrecht.

Depuis lors, notre marine ayant été replacée sur un pied respectable, le nombre de nos pêcheurs de Terre-Neuve a atteint et dépassé le chiffre de 1789. Les économistes anglais, tout en blâmant leur gouvernement de nous avoir rendu Saint-Pierre et Miquelon, ont prétendu que nous ne tirons aucun avantage de nos pêches. Il est incontestable, cependant, que leur produit s'est constamment amélioré. Au contraire, la pêche anglaise a décliné rapidement sur ce point.

Mais depuis lors aussi de nouveaux problèmes ont surgi, résultant du développement normal et naturel de la colonie anglaise de Terre-Neuve. Pour se rendre compte de leur origine, de leur nature et de leur importance, il est indispensable d'entrer dans quelques détails précis sur les conditions géographiques, physiques et politiques dans lesquelles se trouve cette colonie.

Ce ne sera, d'ailleurs, sortir en aucune façon de notre sujet, puisqu'il s'agit, en réalité, de bien définir le théâtre sur lequel opèrent une partie de nos pêcheurs de haute mer.

III

Situation. — Configuration. — Dimensions. — Étendue. — Climat. — Topographie. — Nature du sol. — Flore. — Faune. — Population. — Organisation politique. — Industrie. — Commerce.

Terre-Neuve est une grande île de l'Amérique du Nord, située dans l'océan Atlantique, en face de l'entrée du golfe de Saint-Laurent, à l'est du littoral continental du Labrador, duquel elle n'est séparée que par le détroit de Belle-Isle, à peine large de quelques milles.

Elle gît entre 46°30' et 51°40' de latitude septentrionale, et entre 55° et 61°30' de longitude occidentale.

Sa forme est à peu près celle d'un triangle échancré sur l'un de ses côtés, et découpé par un grand nombre de baies, de lagunes et de promontoires.

Sa plus grande largeur, du cap Spear au cap Anguille, est de cinq cent onze kilomètres, et exactement égale à sa plus grande longueur, du cap Raye au cap Normand. Sa superficie est de cent quarante-huit mille deux cents kilomètres carrés, c'est-à-dire à peu près égale à celle de l'Irlande.

Son climat est froid, très humide et généralement malsain. Pendant ses hivers rigoureux, les baies sont glacées, quoique moins longtemps que sur le continent voisin, et la neige y couvre la terre durant sept ou huit mois.

Au point de vue topographique, le territoire de Terre-Neuve, plat ou

3

ondulé dans l'est, élevé au nord, montagneux près de la côte occidentale, est bas et marécageux au centre. La seule rivière navigable de l'île est l'Humber ou Rivière-des-Exploits.

Le sol, granitique à la base, renferme, dans les formations secondaires, de la houille et du fer. La fertilité du terrain superficiel est des plus médiocres ; il n'est quelque peu productif que sur les bords des rivières et des baies seulement. L'ensemble du pays est plus propre à la constitution de prairies qu'à aucune autre sorte de culture ; aussi offre-t-il d'assez grandes ressources à l'industrie pastorale, tandis que l'agriculture proprement dite, fort négligée, y existe à peine.

Dans les régions pourvues d'une certaine fertilité, — le meilleur sol se trouve, comme le meilleur climat, sur la côte occidentale, — on cultive du blé, des pommes de terre et quelques légumes.

Terre-Neuve est, en grande partie, couverte de forêts, dont les essences dominantes sont les pins, les sapins, les mélèzes, les bouleaux, les frênes, les peupliers, les saules.

Il faut avoir vu de près la nature de cette île, unique en son genre, pour comprendre comment a pu y prendre naissance la situation bizarre dont nous avons esquissé l'histoire, comment elle a pu subsister aussi longtemps sans trop de tiraillements, et comment, selon toute probabilité, elle subsistera encore pendant de longues années. Un pareil partage eût été impossible sur une terre douée seulement d'une fertilité ordinaire, et nous ne réussissons à le maintenir ici qu'en raison de l'irrémissible stérilité qui entrave à tout jamais le développement de la population.

Le contraste qui existe entre les deux éléments est saisissant : d'une part, on voit les inépuisables trésors de la mer enrichir depuis des siècles des générations de pêcheurs ; de l'autre, sur la vaste étendue d'une des plus grandes îles du globe, c'est une succession sans fin de tourbières, de lacs et de marécages, seulement interrompue çà et là par d'épais taillis et par d'impénétrables fourrés. Nulle route frayée, et même, dans l'intérieur, pas le moindre sentier. Cela n'a rien d'étonnant, car c'est à peine si l'on en rencontre parfois sur la côte, dans les endroits où les habitations sont assez rapprochées pour qu'il y ait entre elles des communications : encore, à s'y engager sans guide, court-on grand risque de passer la nuit dans les bois.

En un mot, la voie de mer est la seule pratique d'un point à un autre.

La chasse et la pêche font l'unique diversion, pour le touriste qui aurait choisi Terre-Neuve comme but de voyage, à la monotonie de l'existence.

Le chasseur peut tout voir au bout de son fusil, — poil et plume, — s'il se sent assez de feu sacré pour faire sa trouée dans les halliers qui servent de retraite au gibier : nombreux troupeaux de rennes ou cerfs *caribous,* lièvres, outardes, canards, perdrix, courliens, etc.

Les animaux à fourrure ont diminué de nombre, mais n'ont pas complètement disparu. Les renards sont encore très nombreux; en outre de quelques grands quadrupèdes comme les loups et les ours, on y rencontre aussi la martre sauvage, la belette, la loutre, l'hermine, le rat musqué, etc.

« Enfin, dit M. Ed. du Hailly (dans l'article déjà cité), Terre-Neuve est l'un des derniers points où l'on puisse encore avoir la bonne fortune de rencontrer et d'étudier le castor, cet intéressant animal dont le sort lamentable, disait sentencieusement Raynal, est fait pour arracher des larmes d'admiration et d'attendrissement au philosophe sensible. Je ne crois pas qu'on puisse encore voir aujourd'hui de ces curieuses bourgades dont les voyageurs du siècle dernier nous ont laissé la description, et où les castors vivaient réunis par centaines; les persécutions acharnées des chasseurs en ont eu raison.

« Cependant on trouve encore des familles isolées, et lorsque, près des étangs qui abondent dans l'intérieur des forêts, on aperçoit des arbres (aulnes ou bouleaux, mais jamais résineux) abattus, émondés, dolés et débités aussi proprement que si l'herminette du charpentier y avait passé, on peut être certain que la demeure d'une famille de castors n'est pas éloignée. Pour moi, c'est tout ce que j'en vis : une cabane abandonnée le jour même par ses habitants, à la suite de l'invasion brutale d'un chasseur qui avait abattu un des pans de l'édifice et défoncé le toit en forme de pigeonnier. On distinguait très bien tout autour, à l'intérieur, une série de compartiments juxtaposés, ressemblant en quelque sorte à des alcôves, et remplis de mousse, d'herbe fine et de pelures de bouleaux, tandis qu'au centre un espace libre assez vaste, où se voyaient encore des restes de truites, devait avoir servi de salle à manger. »

C'est ici le lieu de dire quelques mots de la belle race de chiens ichthyophages, si renommés sous le nom de chiens de Terre-Neuve (*canis aquatilis*).

Ces chiens, dont les individus de race pure sont actuellement assez rares, même dans l'île dont ils portent le nom, n'y existaient point, assure-t-on, lorsque les premiers Européens s'y établirent.

Whitebourne prétend qu'ils proviennent d'un dogue anglais et d'une louve indigène; mais il est plus vraisemblable qu'ils sont le produit d'un mâtin et d'un barbet.

Cette espèce a été introduite en Angleterre en 1785, en France en 1819.

Le chien de Terre-Neuve se plaît à aller dans l'eau pour en retirer les objets ou les êtres vivants qui flottent à la surface, mais on a beaucoup exagéré cet instinct.

A Terre-Neuve, le pêcheur n'est pas moins favorisé que le chasseur.

M. Ed. du Hailly et M. J. Thoulet [1] s'accordent à considérer cette île comme un des points du globe les plus abondamment riches en poissons de toute espèce.

Ces animaux y sont très nombreux, tant dans ses eaux douces que dans ses eaux salées : si les premières fournissent truites et saumons en énormes quantités, les secondes regorgent de morues, capelans et plies.

En quel autre endroit serait-il possible de jouir du beau spectacle d'un seul coup de seine ramenant jusqu'à dix mille morues? Où verra-t-on ailleurs les homards s'agiter sur le fond en telle surabondance qu'un équipage de canot en ramasse aisément de quatre à cinq cents en une heure à marée basse, et cela tout simplement à la main? Et si l'on dédaigne comme trop faciles ces pêches prodigieuses, on trouvera, le long de chaque ruisseau, les savantes émotions de la pêche à la ligne et d'abondantes récoltes de truites ou même de saumons.

---

[1] J. Thoulet, *Un été à l'île de Terre-Neuve.* (*Revue scientifique*, 12 mars 1887.)

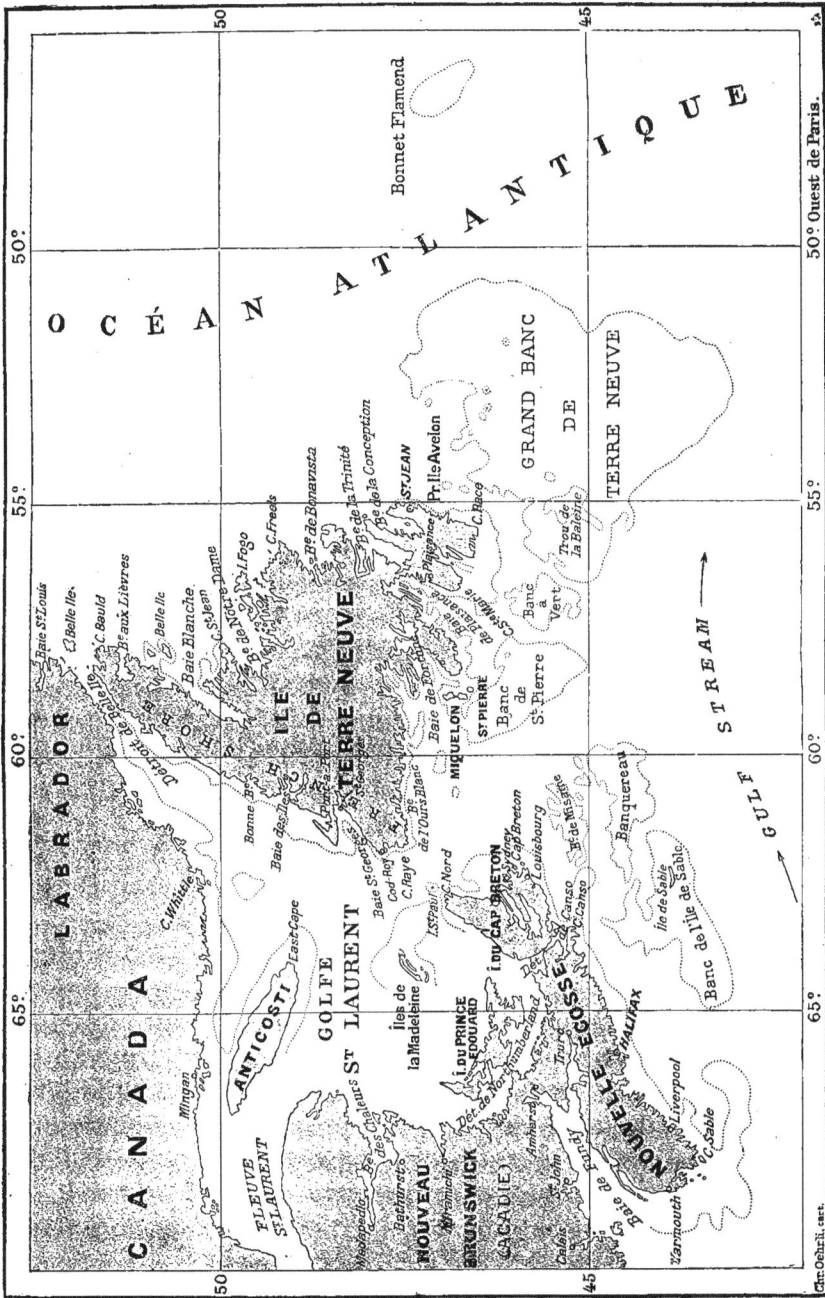

Parages de Terre-Neuve.

OCÉAN ATLANTIQUE

Bonnet Flamend

50° Ouest de Paris.

GRAND BANC DE TERRE NEUVE

GULF STREAM

LABRADOR

CANADA

OCÉAN

DÉTROIT D'HUDSON

ÎLE DE TERRE NEUVE

FLEUVE ST LAURENT

GOLFE ST LAURENT

NOUVEAU BRUNSWICK (ACADIE)

NOUVELLE ECOSSE

CAP BRETON

ANTICOSTI

ST JEAN

ST PIERRE

MIQUELON

HALIFAX

Baie St Louis
C. Belle Ile
I. de Belle Ile, C. Bauld
Br aux Lièvres
Belle Ile
Baie Blanche
Baie de Notre Dame
I. Fogo
C. St Jean
Bte de Bonavista
Bte de la Trinité
Bte de la Conception
Pte Ile Avelon
C. Race
Trou de la Baleine
Banc à Vert
Banc de St Pierre
Bonne B.
Baie des I.
Baie St Georges
Cod Roy
C. Raye
Bte de l'Ours Blanc
Bte de Fortune
I. St Paul
C. Nord
Sydney
Cap Breton
Louisbourg
C. Canso
I. du PRINCE EDOUARD
îles de la Madeleine
Mingan
C. Whittle
East Cape
Miramichi
Bathurst
Baie des Chaleurs
Det. de Northumberland
Truro
Amherst
Baie de Fundy
Calais
St John
Yarmouth
Liverpool
C. Sable
Île de Sable
Banc de l'Île de Sable
Bte de Miray
Banquereau

Chr.Oehrli, cart.

Mais toute médaille a son revers. Ici, le revers, ce sont les « mouches »,
dénomination générale sous laquelle on désigne, non pas nos inoffensives
mouches domestiques, mais les avides diptères suceurs de sang que l'on
distingue en *maringouins* et en *moustiques*.

Maringouins et moustiques fourmillent à Terre-Neuve, comme à Anticosti, autre grande île du golfe de Saint-Laurent, et s'y comportent de
même [1].

Le *maringouin* est une espèce très voisine de notre cousin (*culex pipiens*).
Le moustique, ou *black fly* (mouche noire), est une *simulie*.

La *simulie* est plus petite que le cousin, toute noire, avec l'extrémité des
pattes d'un blanc pur. Cet être minuscule et féroce est beaucoup plus redou-
table que le maringouin.

Le terrain d'élection des mouches noires, c'est la forêt. Elles s'y tiennent
sur les basses branches du sous-bois. Lorsqu'on les dérange en passant,
elles se précipitent silencieusement, mais avec la même rapidité, la même
furie qu'une guêpe en colère, non seulement sur la peau à découvert, mais
encore sur les parties protégées par la barbe, les cheveux ou les habits.
Elles s'insinuent partout et appliquent immédiatement sur l'épiderme leur
trompe, qui agit comme une vigoureuse ventouse : la blessure est aussi
grande que la tête d'une épingle, et le sang jaillit aussitôt. La simulie s'en
gorge comme une sangsue, si bien qu'en l'écrasant, — la moindre pression
suffit pour la tuer, — on s'ensanglante les doigts; le sang coule de la pi-
qûre jusqu'à ce qu'un petit caillot se soit formé. Si l'on se borne à chasser
l'insecte, il revient à la charge, s'acharne après sa proie, s'accroche à la
coiffure, aux vêtements, ou voltige alentour et continue sa poursuite partout, même hors du bois, même à bord des chaloupes et des vapeurs jusqu'à plusieurs kilomètres en mer.

Aussi, à mesure que l'on avance sous bois, le nuage de suceurs affamés
va-t-il en grossissant et leurs attaques deviennent-elles de plus en plus
fréquentes et intolérables.

Si l'on veut s'en débarrasser, il faut s'arrêter et allumer du feu pour

---

[1] Paul Combes, *Les moustiques de l'île d'Anticosti*. (*Revue scientifique*, 12 décembre 1896.)

faire une *boucane* (forte fumée). Ce procédé est efficace : peu à peu les moustiques, engourdis par la fumée, se laissent choir sur le sol, et il n'en vient
pas d'autres. On peut respirer un instant. Lorsqu'on se remet en marche, on
est exempt des petites bestioles pendant quelques minutes. Puis il en revient
une, dix, cent ; le nuage se reforme, et les morsures, jointes à la difficulté
de la marche en forêt, obligent de nouveau à s'arrêter pour faire une boucane.

Sur le moment, et pendant quelques heures, les morsures de la simulie,
même si elles sont très nombreuses, sont peu douloureuses. Ce doit être un
résultat de l'alcaloïde vénéneux que ce moustique, comme tant d'autres
diptères, introduit dans la plaie, et dont le premier effet est *sédatif*. Mais la
phase excitante arrive ensuite ; elle atteint d'abord les centres nerveux, en
particulier le cerveau, et produit un bizarre résultat : son effet est à peu
près analogue à celui qui suit l'absorption modérée du vin de Champagne ;
c'est une sensation de bonne humeur, de gaieté, avec tendance à la loqua-
cité et développement de l'esprit de répartie.

A cette sorte de fièvre cérébrale succède une excitation nerveuse générale qui chasse le sommeil. Puis l'alcaloïde se répand de proche en proche
dans les tissus, et il se produit, dans la région mordue, une tuméfaction
douloureuse qui persiste pendant une durée de vingt-quatre à quarante-
huit heures. Toutes les glandes du cou, très gonflées, ne se dégonflent que
plus tard.

On peut même éprouver des vomissements, comme après un empoison-
nement alcaloïdien.

Lorsque la tuméfaction générale diminue, il persiste autour du point cen-
tral de chaque morsure un petit mamelon induré qui devient le siège d'une
vive démangeaison et se dessine en rose sur la peau. C'est le commencement
de l'élimination du venin et de la guérison. A mesure qu'elle s'accomplit,
les points roses deviennent de plus en plus sombres. Enfin l'épiderme, mor-
tifié tout autour de la morsure, se détache par écailles, et il reste sur la
peau, à l'endroit des piqûres, de petites taches livides arrondies, dont
quelques-unes peuvent se voir encore plus d'un mois après le coup de suçoir
de la simulie.

Chasseurs et pêcheurs, avant de se mettre en campagne, prennent de multiples précautions contre les moustiques.

Les uns s'enduisent le visage et les mains de divers corps gras, notamment de glycérine phéniquée, remède qui serait excellent s'il ne devait être renouvelé toutes les demi-heures. D'autres portent des gants montant jusqu'au coude et se couvrent la figure d'un masque en toile métallique très fine, auquel est rattaché un voile de gaze qui entoure la tête comme un sac et qu'on fait entrer sous les vêtements. C'est là encore un remède parfait; mais, par la grande chaleur, cette armure est étouffante.

On peut se garantir aussi par un simple voile épais. Rien de meilleur; seulement, quand on marche ainsi équipé parmi les chemins embroussaillés, on voit mal, on glisse, et l'on a de grandes chances de trébucher au premier tronc d'arbre.

Ce tableau exact des conditions naturelles de Terre-Neuve suffit à expliquer bien des circonstances historiques de son peuplement par l'homme.

Avant l'arrivée des Européens, l'île était quelquefois visitée, pendant l'été, par des sauvages américains ou par des Esquimaux, qui venaient y chasser les nombreux animaux qui la peuplaient : loutres, castors, caribous, ours et loups. Mais, pendant l'hiver, elle était toujours inhabitée.

Les Norvégiens, les Danois, les Islandais ont-ils fréquenté les côtes de Terre-Neuve dès le xi° siècle? Cela est possible, mais non suffisamment démontré.

Un fait plus probable, c'est que, dès le milieu du xiv° siècle, par conséquent avant la découverte des Antilles par Christophe Colomb, l'Amérique septentrionale était fréquentée par les Basques, qui, dans l'intérêt de leur pêche, tenaient cette découverte secrète.

Mais ce qui est tout à fait certain, c'est que, vers 1504, Terre-Neuve et les terres du continent voisin, c'est-à-dire le Canada et l'Acadie, ont été visitées par les Basques français et par les marins bretons et normands qui se livraient à la pêche de la baleine. Ce qui démontre la réalité de ces relations répétées, c'est que, quand Jacques Cartier, en 1535, prit possession au nom de la France du Canada et de l'île de Terre-Neuve, la plupart des baies et des côtes de ces contrées portaient déjà des noms français et basques.

Terre-Neuve servait d'ailleurs uniquement de point de relâche aux bâtiments que la pêche attirait dans ces parages.

Elle n'avait en effet de valeur que pour la pêche et était unanimement considérée comme un pays humide, glacial, inhospitalier et absolument inutile, — tel actuellement le Labrador oriental, dont ni le Canada ni Terre-Neuve ne veulent assumer la possession.

La première tentative que firent les Anglais, sous Jacques Ier (1623), pour y former un établissement permanent sur la côte sud-est n'eut pas grand succès. La plupart des colons, trouvant la terre trop peu fertile et le climat trop rigoureux, passèrent sur le continent.

Sous le protectorat de Cromwell, de nouveaux émigrants anglais vinrent s'établir dans l'île; mais, n'étant pas soutenus par leur gouvernement, ils ne purent empêcher des Français de s'y installer de leur côté, vers la même époque, autour des vastes plaines de la baie de Plaisance et dans la partie de l'est et du nord.

Des nationaux des deux pays occupèrent donc côte à côte l'île pendant plusieurs années, cherchant à se nuire réciproquement, quoiqu'il y eût assez de place pour que tous y pussent vivre sans se gêner mutuellement.

Ce ne fut qu'en 1660 que le gouvernement de Louis XIV, reconnaissant, grâce à Colbert, toute l'importance de ces établissements, y nomma un gouverneur royal.

L'établissement de Plaisance était devenu une ville et le centre de nos possessions sur ce point. Sa position favorable sur la côte sud et une température plus douce que celle des autres parties de l'île y avaient attiré des habitants, dont le nombre, au commencement du xviiie siècle, s'élevait à près de 3 000.

Nous avons vu que le traité d'Utrecht (11 avril 1713) ravit à la France et fit passer entre les mains des Anglais la possession de l'Acadie (Nouvelle-Écosse) et la propriété entière de l'île de Terre-Neuve.

En 1729, celle-ci fut séparée de la Nouvelle-Écosse et constituée en colonie autonome. Depuis lors elle a formé un gouvernement distinct, qui a, jusqu'à ce jour, conservé son indépendance vis-à-vis de la Confédération canadienne.

La population sédentaire de l'île, qui était, en 1836, de 70 957 habitants, s'élève aujourd'hui à 208 000 habitants, ce qui lui donne une densité de 1,9 par kilomètre carré. Mais l'intérieur est inhabité.

Le chef-lieu de la colonie est Saint-Jean, sur la côte orientale, avec une population de 39 179 habitants.

Le gouverneur et un ministère responsable exercent le pouvoir exécutif.

Le parlement est composé de deux chambres : un conseil législatif de 15 membres désignés par le gouverneur, et une assemblée de 36 membres, représentant 18 districts électoraux et élus tous les quatre ans par le suffrage universel des citoyens ayant atteint leur majorité.

La plus grande partie de l'île est catholique. Elle constitue un diocèse dont le siège épiscopal est à Saint-Jean. Il y a dans l'île 548 écoles comptant 31 822 élèves.

Sauf celle qui se rattache à la pêche de la morue, l'industrie proprement dite y est encore très faible.

Terre-Neuve est en effet par excellence la région des morues. C'est sur les « Bancs », haut plateau caché sous la mer, qu'on pêche ce poisson, notamment sur le Grand-Banc, au sud-est de l'île, espace sous-marin occupant une superficie d'environ 120 000 kilomètres carrés. Nulle part ailleurs qu'à Terre-Neuve le poisson n'est pêché, préparé, expédié au loin par une flotte commerciale aussi nombreuse. Cette flotte se répartit entre trois nations seulement : France, Angleterre et États-Unis.

Cette pêche occupe très activement la presque totalité de la population de l'île.

Aussi la morue reste-t-elle la grande richesse de la colonie. En dehors des Terre-Neuviens, les Français, les Anglais et les Américains en prennent de 150 à 175 000 000 par saison; soit, au minimum, 185 000 tonnes valant annuellement 75 000 000 de francs.

Après la morue, le poisson qui se pêche le plus est le hareng. Viennent ensuite la chasse aux phoques, la pêche des huîtres, etc.

La chasse aux phoques ou veaux marins mérite une mention spéciale.

Nous ne faisons, dans ces parages, aucune concurrence aux Anglais pour cette chasse, à laquelle sont occupés tous les ans leurs meilleurs matelots, et qui, bien qu'elle ne dure que cinq semaines, aux mois de mars et d'avril, n'en chiffre pas moins aussi ses bénéfices par millions de francs.

Au mois de mars, les havres de la côte sont encore pris dans les glaces, et les chasseurs ne peuvent gagner la pleine mer sur leurs navires que par des canaux péniblement ouverts à la scie et à la hache.

Il importe en effet de se hâter. C'est en février que les immenses champs de glace qui descendent des mers du nord, entre le Labrador et le Groënland, se dirigent vers les côtes nord-est de Terre-Neuve, et c'est à la fin de ce même mois que les phoques viennent déposer leurs petits sur ces bancs. Il faut donc commencer la chasse avant que les petits ne soient assez grands pour échapper aux poursuites.

A cette époque, les chasseurs n'ont pas à chercher bien loin la banquise. Elle les entoure bientôt sous les formes variées que les navigateurs des mers polaires appellent collectivement *drift-ice*. Ce sont tantôt de larges bandes de glaces dérivant au gré du courant, tantôt des amas de morceaux brisés et serrés les uns contre les autres, ou encore d'énormes *ice-bergs*, véritables îles flottantes aux formes étranges.

Grâce à une construction spéciale, les navires qui se consacrent à ces expéditions n'ont rien à redouter de la plupart des glaces qu'ils rencontrent, sauf des *ice-bergs*.

Ce qui suit est barbare et cruel.

Il s'agit de trouver les phoques réunis en troupeaux, alors que les petits sont encore hors d'état de s'enfuir. Chaque homme est armé d'une sorte de massue ferrée longue de deux mètres et d'un couteau. Quand les mères les voient s'approcher, elles plongent d'abord dans quelque fente du glacier, puis, comme éperdues aux cris de douleur de leurs nourrissons, elles remontent sur la glace pour les défendre et viennent le plus souvent s'offrir elles-mêmes au massacre. Un seul coup sur le nez suffit pour tuer le pauvre phoque ou du moins pour l'étourdir, et il est alors écorché et dépecé sur place, presque toujours encore palpitant, parce qu'il suffit de rapporter à bord la peau et la graisse qui y reste adhérente.

Le retour à bord est la partie la plus laborieuse et aussi la plus dangereuse de l'opération. Souvent le navire est loin; depuis qu'on l'a quitté, l'espace intermédiaire, occupé par des glaces mobiles, peut avoir déjà changé de configuration, et il faudra traîner à grand'peine les dépouilles des victimes à travers des obstacles de tout genre, par des routes mobiles et inconnues.

Parfois la glace cède et l'homme disparaît. Parfois aussi survient une

Un iceberg (glace flottante).

brume épaisse ou une tempête de neige qui ne permet de rien distinguer, et, pour peu que les courants aient entraîné le navire dans une autre direction que celle où on l'a laissé, le chasseur a bien des chances de succomber à la peine, sous la triple étreinte de la faim, du froid et de la fatigue.

Aussi n'est-il pas d'année où l'on n'ait à enregistrer quelque sinistre de ce genre. Cela n'empêche pas qu'à la saison suivante on verra partir une nouvelle flotte, chaque fois plus nombreuse. Elle a compté jusqu'à deux cents navires montés par plus de dix mille matelots, car l'irrésistible séduction des rencontres heureuses ne s'exerce pas moins ici que sur les champs aurifères du Klondyke. Tel navire, dans une seule journée, a tué plus de trois mille phoques, et réalisé ainsi un bénéfice de quarante-cinq mille francs en quelques heures. Pourquoi serait-on moins favorisé?

En 1902, cent mille phoques environ ont été pris. Le steamer *Léopard*, à lui seul, est rentré à Saint-Jean de Terre-Neuve avec douze mille phoques. Huit autres bateaux ont pris part à cette pêche.

Le mois de mai voit la fin de cette courte et lucrative campagne, si bien que rien n'empêche les mêmes matelots de prendre part successivement dans la même année, d'abord à la chasse aux phoques, puis à la pêche de la morue.

Mais cela n'est pas possible aux pêcheurs français, et ceux-ci doivent se borner à la pêche de la morue, puisque les traités leur interdisent d'hiverner à Terre-Neuve, ce qui serait indispensable pour qu'ils fussent prêts à chasser les phoques en même temps que les Anglais, c'est-à-dire en mars.

Telle étant l'industrie, on conçoit que le commerce de Terre-Neuve consiste, à peu près exclusivement, dans l'exportation des produits de la pêche : poissons, huile de poisson, huile de phoque, peaux de phoque.

Les principaux objets d'importation sont les articles de pêche, les tissus divers, les grains, les denrées alimentaires, les articles de ménage, etc., provenant d'Europe et des États-Unis.

Terre-Neuve est en quelque sorte, géographiquement, le poste avancé du nouveau monde dans l'Atlantique vis-à-vis de l'Europe.

C'est même cette situation qui l'a fait choisir comme point d'attache du faisceau le plus considérable des câbles télégraphiques transatlantiques.

Quoi qu'il advienne des prévisions qui escomptent la future utilité de sa position, un fait incontestable, attesté par les statistiques, c'est le développement graduel de la prospérité de Terre-Neuve et l'accroissement continu de sa population.

Or ce sont précisément ces progrès qui constituent la cause première des difficultés survenues, au cours du xixᵉ siècle, entre les habitants de Terre-Neuve et les pêcheurs français du *French Shore*, question dont nous allons nous occuper plus particulièrement dans le chapitre suivant.

IV

Difficultés suscitées aux pêcheurs français par le gouvernement de la colonie de Terre-Neuve. — La pêche de la boëtte. — Le *modus vivendi*. — La pêche du homard. — La pêche et la préparation de la morue.

Le *French Shore,* ou « Côte française » de Terre-Neuve, est la dénomination couramment adoptée pour désigner le rivage occidental et une assez grande partie du rivage septentrional de Terre-Neuve, du cap Saint-Jean au cap Raye, dont les pêcheurs français, depuis le traité d'Utrecht (1713), confirmé depuis à plusieurs reprises, ainsi que nous l'avons vu dans le chapitre II, n'ont que la jouissance, mais ont la jouissance exclusive.

Rappelons que, bien que cette rive soit la propriété de l'île, et par conséquent de l'Angleterre, les Français y ont plein et entier droit de pêche, et qu'ils peuvent y installer tous les établissements et tous les engins nécessaires à cette industrie.

Mais, en revanche, toutes les installations ne peuvent qu'être essentiellement provisoires, sans rien de permanent, et défense expresse est faite de s'établir à demeure sur cette côte, en dehors de la saison de la pêche sur les bancs. Par conséquent, il est absolument interdit d'y rester pendant l'hiver.

Cette interdiction de bâtir à demeure et de s'y établir pour y résider d'une manière permanente, ne s'applique pas seulement aux Français, mais encore aux Anglais et aux habitants de l'île.

En 1713, époque à laquelle fut stipulée cette dernière clause, elle était d'une observation extrêmement aisée.

En effet, la population anglaise de l'île était alors trop clairsemée, pour qu'il pût être question d'empiètements de sa part sur notre territoire.

Lorsqu'on commença à se préoccuper de son développement, c'est-à-dire vers 1835, c'est tout au plus si l'on comptait quinze cents habitants de l'île sur le *French Shore*; encore la plupart d'entre eux n'étaient-ils là qu'à titre de gardiens de nos établissements.

En 1857, c'est à peine si ce chiffre avait doublé, ce qui n'avait assurément rien d'inquiétant pour une étendue de côtes de plus de deux cents lieues. Néanmoins, c'en était assez pour faire pressentir que, dans un avenir plus ou moins rapproché, un problème d'une nature particulièrement délicate allait s'imposer à l'attention des hommes d'État.

En effet, vers cette époque, la législature anglaise de Terre-Neuve commença à s'en émouvoir, et depuis lors ses doléances à ce sujet sont revenues chaque année sur le tapis. Elle ne conteste pas notre droit, elle fait même assez bon marché de toute prétention à la pêche concurrente sur notre territoire; mais elle se demande, — non sans une ombre de raison, il faut bien l'avouer, — quelle peut bien être la signification de cette souveraineté abstraite, inapplicable en fait et pour ainsi dire illusoire, départie par les traités à la Grande-Bretagne.

Le résultat de ce mouvement d'idées fut, en 1857, un projet de convention, dans lequel on commençait à se préoccuper du contact des habitants du *French Shore* avec les pêcheurs français.

Voici quelles en étaient les principales stipulations : d'une part, le rivage réservé aux pêcheurs français était limité à un tiers de mille anglais (environ cinq cent cinquante mètres), dans l'intérieur, à partir de la laisse des plus hautes mers ; la coupe des bois devait être soumise, sur les terrains particuliers, au consentement préalable de l'occupant ; enfin, nous abandonnions aux Anglais certains points de notre côte où ils s'étaient fixés en plus grand nombre qu'ailleurs, Saint-Georges, entre autres.

D'autre part, et comme contre-partie, les Anglais nous accordaient la liberté du commerce de la *boëtte*, c'est-à-dire le droit d'acheter, sur toutes les côtes de l'île, le petit poisson, hareng et capelan, qui sert d'appât pour la morue ; et, de plus, le droit de pêche concurrente au Labrador.

L'avenir de nos pêcheries eût été gravement compromis si ce projet avait abouti, car, par ces concessions malencontreuses, nous renoncions à l'avantageuse situation établie par les négociateurs d'Utrecht. Bien plus, loin de nous garantir contre de futures éventualités de conflits avec les Anglais, nous ouvrions ainsi la porte à d'inévitables séries d'empiétements dont il était impossible de prévoir l'issue.

Heureusement pour nous, le parlement de Terre-Neuve refusa de sanctionner cette convention, et les choses restèrent dans le même état que par le passé.

Il résulta encore d'une enquête faite en commun, en 1859, par des commissaires des deux gouvernements, que tout était au mieux dans le système actuel, et que, pour de longues années encore, il n'y avait pas lieu de songer à y rien changer.

Et pourtant on voyait déjà poindre les difficultés qui, depuis cette époque, ont graduellement amené une situation de plus en plus tendue.

En réalité, le parlement local, bien qu'il eût repoussé le projet de convention de 1857, trouvait cependant que tout n'était pas précisément parfait pour le bien de son île.

La preuve, c'est qu'en 1867 il formula de nouveau des conclusions tendant à ce que des négociations fussent reprises avec la France sur les bases par lui indiquées.

Il ne s'agissait de rien moins que du bouleversement complet de la situation que nous venons d'exposer.

Au lieu d'un point sur notre côte, nous en aurions cédé cinq ; en second lieu, nous aurions laissé aux Anglais liberté entière de bâtir et de s'enclore sur toute l'étendue de cette même côte, sous la restriction illusoire de ne pas nuire ainsi à nos établissements de pêche ; — nous leur abandonnions de même le droit de pêche dans les rivières, droit qui nous a toujours appartenu ; — nous ne devions les inquiéter dans leur pêche sur aucun des

4

points de notre littoral où ils ne nous feraient pas concurrence; nous acceptions en un mot, sur cette côte (dont les traités nous attribuent la jouissance exclusive), le rôle d'intrus tolérés temporairement par la magnanimité britannique.

En échange de ces concessions sans nombre, le projet en question nous accordait... la liberté du commerce de la *boëtte*.

Quelle que soit la part que l'on puisse faire au patriotisme local, il n'est guère facile de comprendre comment des prétentions aussi exagérées ont pu être formulées officiellement en vue de nous être communiquées.

C'est en 1882 que les incidents commencèrent à prendre une allure aiguë. L'antagonisme croissant entre les pêcheurs français et les habitants de la côte nécessita, de la part des deux gouvernements, la nomination d'une commission composée de quatre délégués, deux pour la France, deux pour l'Angleterre.

Des travaux de cette commission sortit l'arrangement du 26 avril 1884, dans lequel on lit clairement l'intention d'apaiser les rivalités par des concessions mutuelles. Ainsi, les membres de la commission acceptent comme fait accompli l'établissement des constructions existantes sur une partie de la côte française. Ils déclarent n'élever aucune protestation contre la création, sur cette côte, d'établissements destinés à une industrie autre que la pêche. Mais, en même temps, ils proclament le droit absolu pour les pêcheurs français d'user des avantages qui leur ont été conférés par les traités, tant pour la préparation de leur pêche que pour la coupe du bois dont ils auront besoin.

Cette convention, soumise par le gouvernement britannique à la ratification du parlement de Terre-Neuve, ne fut pas acceptée.

Tandis que les navires de guerre de la division navale que la France et l'Angleterre envoient l'une et l'autre à Terre-Neuve pour protéger leurs nationaux, s'efforçaient de prévenir de part et d'autre toute atteinte aux conventions établies, le parlement local fermait les yeux sur les contraventions, et prohibait la vente de la boëtte aux pêcheurs français. C'était un acheminement vers la prohibition de la pêche elle-même.

Ici, il est indispensable d'ouvrir une parenthèse, afin de bien mettre en lumière l'importance de cette question de la boëtte à laquelle nous venons de faire allusion à plusieurs reprises.

Ce qui préoccupe le plus les pêcheurs, ce n'est pas la présence de la morue, qui abonde partout, ce sont les moyens de se procurer la boëtte.

Sous le nom de boëtte, — certains prononcent « bouète », d'autres « boittes », — on désigne, à Saint-Pierre et Miquelon, à Terre-Neuve et dans le golfe de Saint-Laurent, toute espèce d'appât servant à amorcer les engins de pêche.

Pour la morue, la boëtte varie suivant les saisons où apparaissent les diverses espèces d'animaux marins dont se nourrit ce poisson : ce sont surtout le *hareng*, au début de la pêche, à partir du mois de mars ; le *capelan*, vers le milieu de juin, et l'*encornet* au mois de juillet. Les pêcheurs prétendent même que la morue ne veut plus manger que du capelan dès que le capelan est arrivé, et rien que de

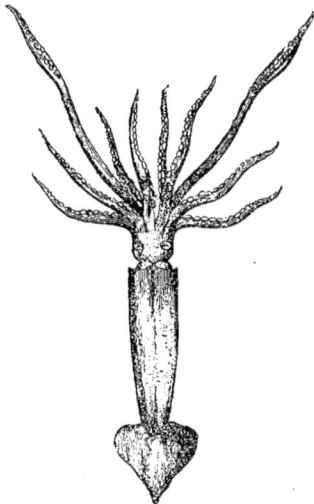

L'encornet (*Loligo piscatorius*).

l'encornet, lorsque l'encornet a fait son apparition. Quand cette boëtte, pour ainsi dire « classique », vient à faire défaut, les pêcheurs de morue emploient, pour y suppléer, du lançon, du maquereau, de l'éperlan et différentes espèces de mollusques, tels que la *Myia arenaria* et le bigorneau (*Buccinum undatum*).

Le bigorneau
(*Buccinum undatum*).

La pêche de la morue se fait presque exclusivement à la ligne à la main et à la ligne de fond ou ligne dormante. Le coût de l'appât, pour cette pêche, représente, chaque année, une somme très considérable, qui peut être évaluée au quart de la valeur totale de la morue capturée. En outre, pour une bonne prise, il est presque indispensable d'avoir de l'appât *frais*. Tous les ans les pêcheurs perdent un temps précieux, pendant la meilleure saison de la pêche, parce qu'ils ne peuvent pas toujours offrir à la morue une boëtte fraîche.

On voit, par suite, l'importance primordiale que revêt la question de la boëtte.

Il n'est donc pas sans intérêt d'en examiner les diverses particularités.

En ce qui concerne le hareng, nous reviendrons en détail sur la pêche de ce poisson dans la troisième partie de ce volume, et nous n'avons pas à y insister ici.

Le capelan, — qui est, comme la morue, une espèce de gade (*gadus luscus* L.), — est un joli poisson de dix-huit à vingt centimètres de longueur, qui, à chaque printemps, arrive dans le golfe de Saint-Laurent par bancs immenses, compacts, se presse le long des côtes et s'entasse dans les anses et les baies, à ce point que, *du rivage,* un homme peut, en quelques minutes, avec une épuisette, en remplir une charrette.

La morue, qui est très friande de ce poisson, le suit de près et en dévore des millions. Aussi longtemps que le pêcheur peut lui offrir cet appât, il est assuré d'une riche moisson.

Aussi, tant que dure le capelan, chaque établissement de pêche un peu considérable emploie-t-il à le capturer deux ou trois bateaux, montés chacun par sept hommes appelés *seineurs.* Jour et nuit, ces bateaux parcourent la côte à la recherche du capelan. Rencontre-t-on un banc de ce poisson, en quelques minutes, avec une seine ordinaire, un bateau de huit à dix tonneaux en est chargé. Les seineurs font alors force de rames pour arriver le plus tôt possible à l'établissement et distribuer une part égale de capelan frais à chaque bateau pêcheur.

Les bateaux de grandes dimensions, qui pêchent la morue sur les bancs et en haute mer, sont obligés de venir de temps à autre dans les baies du rivage pour y capturer du capelan frais. Ils en prennent de grandes quantités, suffisantes pour l'appât de plusieurs jours, et le conservent au moyen de la glace et de réfrigérants.

Après un séjour de six ou sept semaines près des rivages où il vient frayer, le capelan disparaît et demeure au large jusqu'à l'année suivante à l'époque du frai.

On le remplace alors par l'encornet.

L'emploi de ce mollusque comme boëtte est relativement récent. On ne l'utilise, en effet, pour la pêche de la morue, que depuis un siècle et demi tout au plus. Cette date tardive est même inconcevable, car, depuis l'origine

La pêche de l'encornet.

de la pêche, bien des gens avaient dû s'apercevoir que l'estomac d'un très grand nombre de morues renfermait de l'encornet. C'est une vieille femme française, née à la baie de Plaisance (Terre-Neuve), qui eut, la première, l'idée de conclure de cette observation journalière que la morue devait être friande d'encornet et de se servir de cet animal comme boëtte.

L'encornet, *loligo piscatorius,* est un mollusque céphalopode, de la famille des décapodes, appartenant au genre calmar. D'aspect blanchâtre, ponctué de taches rougeâtres, il a, comme tous les calmars, la forme d'un

sac allongé, d'environ cinquante centimètres de longueur, et sa tête est
munie de dix tentacules. C'est en refoulant l'eau au moyen de ses bras et
de sa bouche, qu'il nage à reculons avec la rapidité d'une flèche. La puissance de projection que développent ainsi ces animaux est si grande, qu'ils
peuvent s'élancer hors de l'eau à une distance considérable. Alcide d'Or-
bigny [1] a observé deux calmars qui, entre Rio-de-Janeiro et Montevideo,
sautèrent de cette façon sur le pont du navire où se trouvait ce naturaliste,
c'est-à-dire à une hauteur de cinq à sept mètres au-dessus du niveau de
la mer.

Soit dit en passant, Louis Figuier [2] a donc eu tort de railler le vieil
Appien, parce que celui-ci rapporte que le calmar peut fendre les airs pour
échapper à ses ennemis. Le fait, très bien observé dès l'antiquité, est absolument exact.

On conçoit aisément que l'encornet, pourvu de tels moyens de loco-
motion, puisse se livrer aux migrations très étendues qu'on lui voit effectuer,
par bancs véritablement prodigieux. On en pêche, dans le golfe de Saint-
Laurent, plus de douze millions par an. A la fin de l'automne on en trouve,
par masses énormes, échoués sur les sables, au fond des golfes. Dans la
partie nord de Terre-Neuve, on en a vu des couches atteignant près de deux
mètres d'épaisseur. La multitude des animaux de cette espèce dans les mers
actuelles explique la présence des myriades de *bélemnites*, mollusques similaires, qui ont laissé leurs restes dans les terrains oolithique et crétacé.

Les encornets arrivent tous les ans à date fixe, à huit ou dix jours près,
et constamment aux mêmes endroits, les seuls où on puisse les trouver en
abondance.

Ainsi, en juillet, ils apparaissent aux îles Saint-Pierre et Miquelon. Ils
ne sont jamais fort abondants sur la plage occidentale de l'île de Miquelon,
tandis qu'ils s'amoncellent tous les ans dans la rade de l'île Saint-Pierre, où
l'on vient les pêcher de Miquelon, et des baies de Fortune, de Plaisance et
des Burins, en un mot, de toute la partie orientale de la côte sud de Terre-
Neuve, où ils ne se portent jamais, bien qu'elle soit très voisine.

[1] *Monographie des céphalopodes acétabulifères.*
[2] *La vie et les mœurs des animaux : zoophytes et mollusques*, p. 482.

Au contraire, dans la partie occidentale de Terre-Neuve, où ils émigrent en août, les encornets affectionnent particulièrement le port aux Basques, et, quelquefois, la baie de la Poêle. Enfin, en septembre, ils apparaissent à la baie Saint-Georges et à Bonne-Baie.

La pêche de l'encornet n'exige, pour toute amorce, qu'un corps brillant dans l'eau. Ce sont les Basques qui, en 1783, inventèrent à cet effet, un petit instrument nommé *turlutte*, dont ils se servirent les premiers à l'île Saint-Pierre et qu'ils tinrent secret le plus longtemps possible pour conserver la supériorité qu'il leur donnait sur les autres pêcheurs. C'est un petit fuseau de plomb, de dix centimètres de longueur, dont l'éclat métallique est entretenu avec soin; l'extrémité supérieure est fixée à la ligne, l'extrémité inférieure est entourée d'une couronne d'épingles recourbées en crochet de bas en haut.

Lorsqu'on descend le turlutte au milieu d'un banc d'encornets, ceux-ci, attirés par l'éclat du métal, s'accrochent par le corps ou par les tentacules aux anneaux d'épingles recourbées. On n'a plus qu'à les retirer, et à recommencer indéfiniment le même mode de pêche.

Bien plus, les encornets remontent, de cinq à six brasses de profondeur, pour suivre le corps brillant jusqu'à la surface, où on peut les prendre *avec la main.*

Quand ce mollusque abonde, un homme peut en prendre douze cents par heure; mais il faut se borner à la quantité dont on peut avoir besoin pour pêcher pendant deux ou trois jours, car l'encornet ne peut se conserver davantage. En se putréfiant, il répand une odeur d'une fétidité insupportable.

Dans le bateau où on les amoncelle, les encornets s'agitent encore pendant quelque temps, et ils saisissent avec leurs bras les bottes des pêcheurs, qu'ils enserrent jusqu'à ce qu'ils aient cessé de vivre. Ils dégorgent, comme la seiche, une liqueur noire très caustique, qui cause une douleur extrême quand elle atteint les yeux, et qui ronge jusqu'au vif la peau des mains des pêcheurs qui coupent l'animal en morceaux pour en faire de la boëtte.

En ce qui concerne les autres sortes d'appâts pour la morue, le lançon et l'éperlan se prennent à la seine de la même manière que le capelan; le hareng et le maquereau sont capturés au moyen de filets traînants ou fixes. Quant aux mollusques, on les pêche, soit à la main, soit avec des rateaux, sur les fonds vaseux de certaines baies et de certaines rivières.

On voit que la pêche de la boëtte, bien loin d'être une opération accessoire, est, tout au contraire, de la plus haute importance.

Aussi, est-ce bien là-dessus que comptait le parlement local de Terre-Neuve, lorsqu'il interdisait la vente de la boëtte aux pêcheurs français, dans l'espoir de paralyser ainsi leur droit de pêche sur le French Shore.

En même temps surgissait une question d'histoire naturelle qui devait jouer un grand rôle dans les complications futures.

Jusqu'en 1884, on n'avait jamais songé à établir la moindre distinction entre la pêche des poissons, celle des cétacés ou des carnassiers amphibies, et celle des crustacés.

Il est bien certain que les rédacteurs du traité d'Utrecht n'avaient nullement pensé, en rédigeant leur article 13, à interdire aux Français la chasse du phoque ou la pêche du homard, pour ne leur permettre que la morue.

En fait, les Anglais de la côte française chassaient le phoque durant l'hiver, comme nous l'avons vu précédemment; de même que les Français pêchaient et préparaient le homard pendant l'été, sans se préoccuper, ni les uns ni les autres, des définitions zoologiques.

Nous avons déjà signalé que, sur le French Shore, les homards peuplent le rivage en quantité prodigieuse.

La réussite de quelques homarderies françaises inspira aux résidents de la côte française la pensée d'en établir de leur côté. Les homards ne sont pas des poissons, mais des crustacés; il était permis d'élever sur la côte des installations permanentes à condition qu'elles n'eussent que la pêche pour objet. Ces deux raisonnements, logiques isolément, mais combinés d'une façon inattendue, finirent par amener des difficultés.

L'Angleterre commença par nous contester le droit de pêcher des homards, sous le prétexte que ce n'étaient pas des poissons, et qu'ils ne rentraient pas, par conséquent, dans la catégorie des produits de la mer dont le traité d'Utrecht nous reconnaissait le monopole.

Des concessions réciproques entre les deux gouvernements amenèrent finalement l'acceptation réciproque d'un *modus vivendi,* que l'on renouvelle chaque année, au grand désespoir des Terre-neuviens.

Français et Anglais continuent donc à exploiter de pair le French Shore, mais seulement en ce qui concerne la pêche des homards et la préparation des conserves faites avec ce crustacé.

La pêche du homard est surtout active en juillet, moindre pendant le

Établissement français au French Shore.

mois d'août, la chair de l'animal étant alors moins savoureuse, — un peu plus importante en septembre.

On capture ces crustacés d'une manière extrêmement simple. On immerge des *casiers à homards,* sortes de nasses grossières, demi-cylindriques, fabriquées à claire-voie avec des lattes en bois, et pourvues d'une ouverture latérale. Au centre, on suspend, comme amorce, des têtes de morues ou d'autres débris de poissons. Les homards, une fois entrés, ne peuvent plus en sortir.

Les pêcheurs, montés dans des doris, — sortes de petites embarcations légères, spéciales aux parages de Terre-Neuve, — sont constamment occupés à amorcer et à immerger les casiers. A peine le dernier est-il placé, qu'il est déjà temps de relever le premier, déjà rempli d'une douzaine de homards. On recueille ces derniers, on amorce de nouveau, on redescend le casier, et ainsi de suite sans interruption.

Lorsque la barque a son plein chargement, les homards sont amenés à terre entassés sur l'appontement, et de là transportés dans un baraquement rudimentaire en planches, où ils sont plongés dans de grandes chaudières pleines d'eau bouillante.

Un homme surveille la cuisson; lorsque les homards sont cuits, il les retire au moyen d'une épuisette, et les jette dans un panier où ils s'égouttent. Puis on les range sur des tables qui font le tour de la pièce.

Dès qu'ils sont suffisamment refroidis, un homme les dépèce avec un couperet. Les carapaces vont former une frange rouge sur le bord de la mer, tandis que la chair est portée à des ouvrières qui en remplissent des boîtes de fer-blanc. Celles-ci sont pesées, afin d'atteindre le poids uniforme d'une livre. Puis on soude le couvercle en y laissant un trou, et les boîtes sont déposées dans un récipient métallique à claire-voie, qu'un palan amène dans une autre chaudière. Au bout de vingt minutes d'ébullition, elles sont suffisamment stérilisées : on ferme le trou avec une goutte de soudure et la conserve est terminée. On l'envoie en Europe, revêtue d'étiquettes différentes vantant toutes la supériorité de leur marque, bien que le homard de Terre-Neuve soit très inférieur, comme qualité, au homard et à la langouste de France.

Le homard étant un animal migrateur, sa pêche n'est pas sans aléa; c'est ainsi que certains établissements en prennent plusieurs milliers chaque jour, tandis que d'autres, naguère prospères, ont dû cesser une exploitation qui ne leur permettait plus de couvrir leurs frais.

Il était indispensable d'entrer dans les détails qui précèdent, pour donner aux lecteurs une idée bien vivante et par conséquent bien exacte de ce qu'est, en réalité, ce French Shore qui sert de théâtre aux labeurs d'une partie de nos pêcheurs de haute mer.

On a pu se rendre compte qu'en vertu de la marche naturelle des événements, cette côte n'est plus aussi déserte et, par conséquent, ne nous appartient plus tout à fait aussi exclusivement qu'autrefois, — que l'élément insulaire l'envahit de plus en plus, — et que la pêche de la morue n'y est plus la seule industrie pratiquée.

Voyons maintenant comment, dans ces conditions, procèdent nos pêcheurs.

Les emplacements de pêche ne sont pas arbitrairement laissés au choix de chaque morutier. Cela pourrait avoir, entre autres inconvénients, celui de provoquer des conflits.

Aussi, les divers postes assignés, sur la côte Française, aux différents navires partis de nos ports, sont-ils désignés d'avance par la voie du sort, et pour un terme de cinq années, dans une assemblée générale d'armateurs tenue à Saint-Servan.

Le départ des pêcheurs coïncide avec le retour de la belle saison, qui est aussi le signal de l'apparition des morues dans les parages de Terre-Neuve. Les premiers navigateurs de ces mers en avaient fait la remarque, et déjà le vieux Marc Lescarbot la formulait ainsi en son naïf langage :

« Quand l'hiver arrive, les poissons se trouvent étonnés, et fuient les tempêtes chacun là où il peut; mais, sitôt que la sérénité du printemps revient et que la mer se tranquillise, — ainsi qu'après un long siège de ville, la paix étant faite, le peuple auparavant prisonnier sort par bandes pour aller prendre l'air des champs, — de même, ces *bourgeois de la mer*, après les furieuses tourmentes passées, viennent à s'élargir par les campagnes salées; ils sautent, ils trépignent, ils s'approchent de la terre. »

Les bâtiments morutiers destinés à la côte ouest de Terre-Neuve partent de France dans les premiers jours de mars; ceux qui vont à la côte orientale attendent la fin d'avril.

Pour les uns comme pour les autres, la traversée est rarement commode. Afin de trouver un vent favorable, il faut s'élever en latitude vers le nord, et, en cette saison, outre que la mer est rude dans ces parages, on y est exposé aux dangereuses rencontres des *ice-bergs*.

Enfin, lorsque se profilent, à l'arrivée, les sommets encore neigeux du havre où l'on croit pouvoir pénétrer, il advient souvent que l'on s'en trouve encore empêché par une infranchissable banquise, dont on est bien forcé d'attendre patiemment la débâcle. Quand la route est libre, on passe, et le bâtiment ne tarde pas à être solidement fixé par quatre amarres au fond de quelque crique.

Nous avons vu qu'un certain nombre d'habitants de Terre-Neuve, sous le prétexte de garder nos établissements de pêche pendant l'hiver, se sont peu à peu fixés à demeure sur les divers points de la côte que fréquentent nos navires.

Ce qui les attire là, c'est cet instinct d'indépendance vague et irréfléchi, dont ils ne se rendent peut-être pas bien compte eux-mêmes, et qui pousse dans la voie des aventures un flot sans cesse renouvelé d'enfants perdus de la race anglo-saxonne ; c'est qu'ils y vivent philosophiquement, pratiquement, de la plus primitive de toutes les existences, exempts de magistrats, d'impôts, et de quoi que ce soit qui rappelle un semblant d'autorité ou d'organisation quelconque.

Le navire dont ils sont censés garder l'établissement pendant l'hiver, subvient à une partie de leurs besoins matériels au moyen des vivres qu'il leur laisse. Pour le reste, la chasse et la pêche leur fournissent les éléments d'un petit commerce avec les goélettes de quelques caboteurs, qui vont de baie en baie échanger des objets de troc contre du poisson ou des fourrures.

Loin de nous craindre et de nous considérer comme des usurpateurs de leur sol, les Terre-neuviens qui gardent nos établissements de pêche attendent chaque année avec impatience le retour des pêcheurs.

Dès l'arrivée au mouillage, chaque capitaine de navire morutier s'enquiert de l'état de l'établissement auprès de *son anglais* ; car jamais un capitaine n'appelle autrement son gardien.

Le lendemain, la véritable campagne commence. Ce qu'il y a de plus pressé, c'est de courir aux embarcations de pêche halées au sec sur le rivage lors du départ de l'année précédente, de les visiter et de les remettre à flot.

Il faut, en même temps, réinstaller le *chauffaud* (corruption normande du mot *échafaud*).

Qu'on se figure un vaste hangar construit en troncs de sapins, sur pilotis. Comme c'est là qu'auront lieu les premières phases de la préparation de la morue, il est toujours élevé au bord de la mer, et il s'avance même

assez au large pour permettre aux canots chargés d'accoster librement en
tout 'temps. Il présente donc, au-dessus de l'eau, l'aspect d'une véritable
habitation lacustre.

Au printemps, dès leur arrivée, les morutiers se hâtent de le recouvrir
de grands morceaux de toile à voile, perméable à l'air (cette condition est
rigoureusement indispensable), mais suffisamment inclinée pour que les

Un chauffaud. — Lavage de la morue.

eaux pluviales puissent s'écouler. C'est là que les pêcheurs abritent le sel
qu'ils ont apporté, et qui s'élève, au centre, en un énorme monceau. A
l'extrémité qui se trouve du côté de la mer sont les « étales » et les sièges
des décolleurs et des trancheurs... Tel est le *chauffaud.*

A quelque distance en arrière du chauffaud, sont les huttes qui serviront
de logement à la petite colonie pendant toute la durée de la campagne :
toit en planches recouvertes d'une toile goudronnée ; parois en sapins tron-
çonnés, enfoncés en terre à coups de masse et calfatés dans les interstices
avec de la mousse ; à l'intérieur, un corridor, toujours en troncs de sapins ;
à droite et à gauche, superposées comme à bord, les couchettes des hommes,
presque toujours sordides et repoussantes.

D'autres cabanes non moins primitives sont réservées à l'état-major, à la cambuse ou dépôt de vivres, et au four du boulanger, car il serait injuste de passer sous silence cette unique douceur du régime des matelots à Terre-Neuve, le pain frais à discrétion.

En réalité, les soucis de la vie matérielle tiennent peu de place dans cette laborieuse existence. Partir avant l'aube, ne rentrer qu'à la nuit, passer de longues heures au large dans les canots, ne vivre que pour la pêche, ne voir que la morue, tel est le programme de chaque jour.

Le mode de pêche varie avec les endroits et les saisons. Aux moments où la morue approche de terre en grande quantité, on la prend à la seine, et l'on cite des coups de filet ayant rapporté jusqu'à vingt mille morues en une seule fois. Lorsque l'époque du seinage est passée, on se sert de la ligne à la main.

La pêche la plus pratiquée est celle de la ligne de fond, dite « harouelle ». De longues cordes lestées et garnies de chapelets d'hameçons sont immergées par grand fond, et c'est un travail particulièrement pénible et périlleux que de les relever avec leurs pesantes captures dès que la mer est un peu grosse.

Mais le tout n'est pas d'avoir des lignes, il faut se procurer de quoi les amorcer. Nous avons vu précédemment que cette question de la *boëtte* est extrêmement importante.

Les goélettes qui arrivent achètent généralement aux pêcheurs indigènes des « harengs de printemps » qui serviront de premier appât; de la sorte ils éviteront la peine d'en capturer eux-mêmes, et ils gagneront du temps. Mais, comme nous l'avons déjà dit, la morue ne tarde pas à préférer le capelan au hareng, puis l'encornet au capelan, et il faut lui fournir ce qu'elle désire. Enfin, après la saison de l'encornet, les pêcheurs vont tendre leurs filets pour capturer le « hareng d'automne », qui seul conviendra jusqu'à la fin de la pêche.

A certaines heures, les chauffauds du French Shore sont le théâtre d'une activité fiévreuse, à mesure que s'y succèdent les embarcations qui reviennent chargées des poissons pris dans la journée. A peine sont-elles amarrées à la galerie extérieure, que les matelots, avec des fourches nommées *piquoirs* ou *piquois*, « piquent » le poisson, et le jettent pêle-mêle sur l'appontement. Des mousses le prennent pour le porter aux tables de travail, dites « étales ». A chaque étale sont deux hommes : le *décolleur* et le *trancheur*.

Le décolleur, d'un coup sec de son couteau, abat la tête de la morue, et passe celle-ci au trancheur.

Tranchage de la morue.

Ce dernier, la main gauche protégée par un gant contre les piqûres des arêtes, tenant dans la main droite un solide couteau à lame courbe, fend, d'un seul coup la morue de bas en haut, la vide, et coupe la moitié supérieure de la raquette ou colonne vertébrale.

On laisse tomber les entrailles à la mer, ou bien on les garde comme appât pour les casiers à homards, de même que les têtes. Le foie, mis à part et porté au *cajeot*, servira à fabriquer l'huile dont nous n'avons tous que trop connu l'abominable goût dans notre jeunesse. Les œufs, ou *rogues*, sont importés en France, où ils servent d'appât aux pêcheurs de sardines.

Qui croirait que ces scènes, essentiellement prosaïques, aient pu exciter l'enthousiasme d'un Terre-neuvien au point de lui inspirer la pensée de les décrire *en vers,* dont voici un échantillon :

> Un matelot la jette, un mousse la ramasse,
> Aux mains du décolleur rapidement la passe,
> Qui, lui serrant les yeux, debout dans un baril,
> De son couteau-poignard l'ouvre jusqu'au nombril.
> Deux doigts de la main droite en détachent le foie;
> Sans tête et sans boyaux, avec force il l'envoie
> Au trancheur vigilant, armé de son couteau,
> Qui la fait en deux temps tomber dans un traîneau.

Suit, toujours en vers tout aussi pleins de poésie, l'énumération des qualités qui constituent la morue parfaite ; comme quoi elle doit présenter, à la place de la raquette, une rigole aux bords nets et rectilignes, n'avoir aucune érosion à la peau, ni aux nageoires, etc.

Les morues, ainsi ouvertes, passent alors entre les mains du saleur, qui les empile méthodiquement, couchées à plat et la chair en haut, entre deux lits de sel, le long des parois du chauffaud. C'est la morue « au vert », ou morue verte.

Elle peut rester ainsi un temps indéterminé, mais qui ne doit pas être inférieur à quinze jours.

L'opération suivante consiste à sortir les morues du chauffaud au moyen de brancards, et à les placer dans des cuves perforées ou dans des cages à claire-voie, que l'on immerge dans l'eau de mer et où celle-ci circule librement. Là, une équipe armée de perches remue longtemps les morues pour faire dissoudre le sel en excès. Le poisson est ensuite transporté dans des mannes et entassé dans des sortes de formes en bois que l'on recouvre d'une toile. La morue reste ainsi « en fumier » pendant vingt-quatre heures pour s'égoutter.

Il s'agit maintenant de la sécher.

Le séchage de la morue se fait en l'exposant à l'air, à découvert, soit sur les *graves* (corruption normande du mot *grèves*), c'est-à-dire sur des portions du rivage artificiellement revêtues d'une couche continue de gros galets ronds, en manière de plates-formes; — soit sur des *rames,* claies que l'on incline plus ou moins du côté du soleil; — soit sur des *bordelaises,* sortes de châssis verticaux où les morues, sur trois rangs en hauteur, sont suspendues, la queue prise entre deux lattes.

C'est ici que commencent les soucis du patron, car ce séchage est une opération délicate, qui exige, de la part du pêcheur, une connaissance approfondie de la météorologie de Terre-Neuve.

Graviers retournant la morue.

Il ne faut que trois jours de beau temps environ pour mener à bonne fin cette dernière opération; mais le soleil, la brume, la pluie, le vent, sont également à craindre.

Aussi les graviers ne cessent-ils jamais de surveiller l'horizon; car, pour une maladresse, pour un manque d'attention de leur part, tout un lot de morues peut être perdu. En effet, il suffit de quelques heures d'un soleil trop ardent pour brûler la morue, et la réduire à l'état d'engrais sans valeur : sa chair devient molle et se pourrit. D'autre part, si la moindre goutte de pluie vient à la mouiller, elle sera « cuite » et ne vaudra plus rien.

5

Afin de parer à toute éventualité fâcheuse, une équipe est toujours prête, pour mettre vivement le poisson à l'abri au moindre danger qui menace d'en altérer la qualité.

Lorsque le poisson a reçu le nombre voulu de *soleils* (c'est le terme consacré), on procède à la fabrication des « piles ».

Le patron trace, toujours sur les graves, un cercle de diamètre convenable et fait disposer avec grand soin les premières couches de poisson séché ; les hommes en apportent ensuite des chargements sur l'épaule et les passent à deux ou trois « anciens », qui, d'un coup de main long à acquérir, envoient tout le paquet s'étaler en demi-cercle, le *dos en l'air*. Cette dernière condition est rigoureusement indispensable, car la peau de la morue est imperméable, et empêche l'humidité de pénétrer dans la masse. Quand la pile est assez haute, on pique tout autour des queues de morues « en ardoises », de façon à former un revêtement à la manière d'un toit, puis le tout est recouvert d'une forte toile.

Les piles restent ainsi jusqu'au *soleil* d'embarquement donné dans les derniers jours de beau temps qui précèdent le départ définitif des bâtiments pour la France, en septembre.

Telle est la vie de nos pêcheurs le long du French Shore. Tous les mouillages se ressemblent. Ce sont partout les mêmes chauffauds, les mêmes graves, les mêmes types de graviers.

On voit que le repos ne tient pas une grande place dans l'existence du marin morutier, et que c'est par un dur travail qu'il paye un gain souvent minime.

Et cependant cette existence est plus rude et plus âpre encore, lorsque le pêcheur, au lieu de rester au voisinage de la côte, va chercher le poisson sur les bancs du large.

Or, depuis quelques années, la morue abandonne les côtes de Terre-Neuve pour se porter sur les bancs.

Aussi, les morutiers du French Shore sont-ils désolés. Autrefois, ils venaient en tel nombre que leurs agglomérations formaient de véritables petits villages.

Aujourd'hui, plus d'un armateur ne renvoie pas ses navires dans ces parages. Les établissements sont moins importants, et surtout peu nombreux. Les places de pêche que nous occupions sont désertées. Les pêcheurs qui veulent encore s'y aventurer deviennent de plus en plus rares.

Très nombreux, au contraire, sont ceux de nos pêcheurs qui vont pratiquer la grande pêche sur les bancs, où ils ne sauraient être régis par aucune convention internationale, puisqu'ils exercent leur métier en pleine mer.

Travail des graviers sur la grave.

Il existe, d'ailleurs, dans les parages de Terre-Neuve et de Saint-Pierre et Miquelon, quatre sortes bien différentes de pêche, dont, ordinairement, on ne fait pas assez la distinction : 1° la pêche littorale du French Shore, dont nous venons de parler; 2° la pêche littorale à Saint-Pierre et Miquelon; 3° la pêche saint-pierraise sur le Banc à vert, le Banquereau, etc.; 4° enfin la pêche sur le Grand Banc.

Celle des trois dernières catégories est naturellement intangible, et c'est la plus importante pour nous, puisqu'elle occupe les neuf dixièmes des marins qui partent chaque année de nos ports, qu'elle n'est soumise à aucune vexation, et qu'elle se trouve à proximité de notre petite colonie des îles Saint-Pierre et Miquelon.

Ce n'est pas cependant une raison pour abandonner, ou même seulement pour négliger, ou pour consentir à céder, sans une compensation suffisante, nos droits sur le French Shore.

On pourrait peut-être, à cet égard, adopter les conclusions suivantes d'un remarquable article publié à ce sujet par M. Fr. Schrader, dans les *Nouvelles géographiques* (supplément du *Tour du Monde*) du 18 avril 1891 :

« Le navire de pêche doit pouvoir passer d'un côté de l'île à l'autre suivant l'abondance du poisson ; il lui faut, pour cela, être sûr de trouver à proximité des points de relâche ou de ravitaillement. Interdire à la pêche française ou seulement lui rendre difficile l'accès du rivage, obliger le pêcheur français à des pertes de temps que ses concurrents n'auront pas à subir ; restreindre, dans une mesure quelconque, sa liberté d'aller, de venir, de choisir les circonstances, c'est le mettre dans un état d'infériorité dont le résultat immédiat serait l'anéantissement de la pêche française.

« Ne nous y trompons pas, c'est là le but que poursuit le gouvernement de Terre-Neuve, et ce but serait atteint le jour où nous nous laisserions mettre, si peu que ce soit, en état d'inégalité. Que viendrait-on maintenant nous parler de compensation pour la décadence d'une pareille industrie ? La colonie du Cap tout entière ne compenserait pas une ruine semblable, et c'est la Gambie que certains semblaient nous offrir !

« Est-ce à dire que le *statu quo* doive ou puisse durer ? Personne n'oserait le soutenir. La situation de ces pêcheurs en antagonisme perpétuel avec les habitants du littoral ne peut manquer d'amener des conflits incessants, d'autant plus graves que chacun est sûr de son droit. Mais, au lieu de ce droit précaire sur une immense étendue des côtes, ne pourrait-on pas établir un droit net et définitif sur des points déterminés ? Au lieu de faire, de toute la longueur de la *côte française,* un terrain perpétuellement litigieux, ne pourrait-on pas en abandonner certaines parties, en échange de la possession complète de certaines autres ?

« A nouveau cas, nouveau conseil ! Les traités ont garanti à nos marins des droits qu'ils ne peuvent plus exercer sans se trouver en lutte avec des habitants dont on ne prévoyait pas alors l'existence. Pourquoi ne pas donner à chacun sa part, en divisant le rivage, les îles et les baies, en parties anglaises et en parties françaises, où chacun serait chez soi?

« C'est là une simple affaire d'équité, et la question, à notre avis, n'a pas d'autre solution possible. La France ne peut recevoir de compensation pour Terre-Neuve qu'à Terre-Neuve. »

Ici se termine la partie de notre étude qui a trait à la pêche sur le French Shore.

Occupons-nous maintenant des conditions de la pêche sur les bancs, et tâchons de donner, tout d'abord, une idée bien nette de la nature de ces bancs.

V

LA PÈCHE SUR LES BANCS DE TERRE-NEUVE

Origine, nombre et configuration des Bancs de Terre-Neuve. — Importance du Grand Banc. — Sa richesse en poissons. — Conditions de la pêche. — Ses dangers.

Depuis le sud-est de l'île de Terre-Neuve jusqu'au sud-est de la Nouvelle-Écosse, s'étend une série de hauts fonds ou plateaux sous-marins, connus sous les noms de Grand Banc, Banc à vert, Bancs de Saint-Pierre, d'Artimon, de Misaine, Banquereau, etc.

Maury attribuait leur formation à un amoncellement de matériaux apportés par les ice-bergs provenant de la mer de Baffin, descendus le long du Labrador, et qui fondent au contact des eaux chaudes du Gulf-Stream [1].

M. J. Thoulet, professeur à la Faculté des sciences de Nancy, considère, au contraire, ces bancs comme une sorte de delta sous-marin, et voici quel est son raisonnement, qui ne manque pas d'intérêt, même au point de vue de la pêche, objet spécial du présent ouvrage.

Trois courants entourent l'île de Terre-Neuve.

Le premier est le courant oriental, qui vient de la mer de Baffin, suit du nord-ouest au sud-est la côte du Labrador, arrive à la hauteur du détroit de Belle-Isle, se dirige vers le cap Fréhel, en laissant sur sa droite la baie

---

[1] Maury, *Instructions nautiques destinées à accompagner les cartes de vents et de courants,* traduites par Ed. Vaneechout, lieutenant de vaisseau, Paris, 1859, p. 74.

Blanche et la baie Notre-Dame, puis, en contournant la côte est de l'île, parvient à la latitude du cap Race. Ce courant charrie des ice-bergs ; il est froid, mais ses eaux sont relativement peu salées par suite de la fusion des montagnes de glace qu'il charrie.

Le second courant est le Gulf-Stream, qui sort du détroit de Bahama, remonte vers le nord en s'infléchissant de plus en plus vers l'est, vient raser l'extrémité sud du Grand Banc de Terre-Neuve, et va heurter à peu près perpendiculairement le courant oriental. Il en résulte que l'impulsion respective des deux courants roulant en sens différent est mutuellement brisée et que le Gulf-Stream, désormais sans force, s'étale sur l'Océan et n'est plus qu'une simple dérive.

Le troisième courant, peu salé, est constitué par les eaux du fleuve Saint-Laurent, grossies, quoique en faible proportion, par les eaux du « courant oriental » qui ont franchi le détroit de Belle-Isle et descendu la côte ouest de Terre-Neuve. Semblable à un fleuve, il sort du golfe Saint-Laurent et débouche dans l'Océan par le détroit de Cabot, entre le cap Raye (Terre-Neuve) et le cap Nord (île du Cap-Breton). Lui aussi vient heurter presque perpendiculairement le Gulf-Stream, ce qui l'oblige à modifier partiellement son cours.

D'après M. J. Thoulet, les bancs sont le *delta sous-marin* de ce troisième courant, qu'il appelle « Fleuve de Cabot ».

En effet, les matériaux qui les constituent sont surtout des débris des roches bleues de la côte ouest de Terre-Neuve, ou des roches rouges du Labrador, et, pour une moindre part, des sables blancs venus de la côte est de l'île.

Les débris formant les bancs sont donc apportés, non par les ice-bergs, mais par les glaces marines côtières provenant des rivages voisins, arrêtées par les remous des trois courants marins et fondues au contact des eaux plus chaudes.

Les bancs du delta du « fleuve de Cabot » se partagent en deux groupes : celui de la rive gauche, comprenant le Grand Banc, le Banc à vert et le Banc de Saint-Pierre, et celui de la rive droite constitué par le Banc de Misaine, le Banc d'Artimon et le Banquereau.

Le Banc de Saint-Pierre, — le premier que l'on rencontre sur la rive droite, au sortir du détroit de Cabot, — est triangulaire ; il est allongé dans le sens du cours du « fleuve de Cabot » qui l'entoure d'un double bras.

Le Banc à vert est orienté nord et sud ; sa ligne de plus grande longueur prend cette direction, parce que, après le Banc de Saint-Pierre, la branche latérale du « fleuve de Cabot », est obligée de s'infléchir vers le sud, repoussée qu'elle est par les derniers efforts du courant oriental.

Le Grand Banc offre une forme triangulaire ; son bord tourné vers le nord-ouest ainsi que sa côte sud-est sont façonnés par le courant oriental, sa côte sud-ouest par le fleuve de Cabot. Les remous et les tourbillons y creusent des dépressions dont la profondeur dépasse cent mètres. Il en existe cinq, disposées en une ligne déterminant, en quelque sorte, l'axe de rencontre des deux courants. La plus importante de toutes est le trou de la Baleine, profond de cent vingt mètres. Le banc dit « Bonnet-Flamand » est une extension orientale du Grand Banc.

Passons maintenant aux bancs de la rive droite du delta sous-marin du fleuve de Cabot. Les plus importants sont ceux qui limitent immédiatement son embouchure, c'est-à-dire les Bancs de Misaine, d'Artimon et le Banquereau, qui se continuent, plus à l'ouest, par le Banc de l'île de Sable.

Les deux régions sont symétriques et résultent de causes identiques[1].

Maintenant que les idées sont fixées sur l'origine probable des Bancs de Terre-Neuve, occupons-nous plus particulièrement du Grand Banc.

Le Grand Banc est situé à environ quarante lieues au sud-est de l'île de Terre-Neuve. Il s'étend entre 43° et 49° de latitude septentrionale et entre 51°30' et 57°30' de longitude occidentale. Nous avons déjà dit qu'il affecte une forme grossièrement triangulaire, projetant un angle au nord, le second au sud, le troisième à l'ouest. Sa longueur du nord au sud est d'environ

---

[1] On trouvera tous les détails relatifs à la théorie de M. J. Thoulet dans les travaux suivants de cet auteur : *Observations faites à Terre-Neuve, à bord de la frégate* la Clorinde, *pendant la campagne de* 1886. (*Revue maritime et coloniale*, t. X, ch. III, p. 398. 1887.) — *Considérations sur la structure et la genèse des bancs de Terre-Neuve.* (*Bulletin de la Société géographique de Paris*, deuxième trimestre, 1889.)

1 000 kilomètres, sa plus grande largeur de 320 kilomètres. Sa superficie est d'environ 120 000 kilomètres carrés.

Les profondeurs qu'on rencontre sur ce haut plateau sous-marin varient de 3 à 100 brasses (5 mètres et demi à 183 mètres), et le fond est principalement composé de sable et de coquillages.

Le mélange des eaux chaudes et froides des courants qui entourent le Grand Banc produit des nappes de brume variables de position, apparaissant

La brume à Terre-Neuve.

et disparaissant brusquement, parce que les paquets d'eau chaude et d'eau froide se mêlent par saccades.

De mai à fin août, les brumes durent quelquefois pendant des semaines entières, et peuvent s'étendre depuis le méridien du Bonnet-Flamand jusqu'à la côte des États-Unis. La région des brumes persistantes coïncide avec celle où se rencontrent le plus fréquemment les ice-bergs, ce qui les rend doublement périlleuses.

Le Grand Banc est tellement poissonneux que, sous ce rapport, il est sans rival au monde; aussi, la pêche y est-elle exploitée à un point inusité partout ailleurs. Quoique depuis près de quatre siècles toutes les nations maritimes de l'Europe et de l'Amérique y aient puisé sans aucun ménagement, on n'y a remarqué aucune diminution sensible. On ne s'étonnera point de ce fait si l'on songe à quel point la morue est prolifique. Il semble qu'avec une telle puissance de reproduction, une extermination totale soit impossible.

La pêche de la morue sur le banc est surtout productive entre les parallèles de 42° et de 46°.

Depuis 1814, la pêche faite par les nationaux anglais a rapidement décliné sur ce point, et aujourd'hui ils l'ont presque complètement abandonnée. Il est principalement exploité par les Américains et par les Français, surtout par ces derniers.

La pêche sur les bancs présente les plus grands dangers. La mer y est souvent mauvaise, les brumes subites, fréquentes et épaisses à ne rien voir à quelques mètres de distance; les glaces flottantes abondent surtout dans ces mêmes parages.

Là, le bâtiment n'est plus tranquillement et solidement amarré au fond d'une baie. C'est en pleine mer, sans nul abri contre une houle souvent dangereuse, que sont mouillés, sautant sur la lame, ces navires auxquels les matelots donnent le nom de *banquiers* ou *banquais*, du nom des bancs qui servent de théâtre à leurs opérations.

Pour les pêcheurs embarqués à bord des bateaux banquiers, la journée commence longtemps avant le lever du soleil. Dès deux heures du matin, on voit les hommes de l'équipage sortir l'un après l'autre du panneau de l'avant et accoster le long du bord les *doris* dans lesquels ils vont s'embarquer.

La nuit est sombre, la brise souffle par lourdes rafales; n'importe, il faut quitter le navire pour aller bien loin au large, sur une frêle embarcation, chercher les lignes de fond mouillées la veille.

Ces *lignes de fond* consistent en cordes très fortes, sur lesquelles on fixe, à la distance d'environ un mètre et demi l'une de l'autre, des lignes de pêche de soixante-quinze centimètres de longueur, armées chacune d'un hameçon garni d'un appât. Grâce à cette disposition, les hameçons ne peuvent s'accrocher les uns aux autres.

Les cordes, convenablement disposées dans de grandes mannes, sont distribuées ensuite sur des doris, qui quittent le navire et vont les tendre à quelque distance.

On attache à l'une des extrémités un *grappin* (sorte de petite ancre à plusieurs pattes) qui l'entraîne au fond de l'eau, puis on s'éloigne, en filant la
ligne de fond jusqu'à l'autre bout, où l'on fixe un second grappin.

A chaque grappin est attaché un petit câble, appelé *crin*, qui est amarré
à une bouée de liège. Cette bouée reste flottante, et elle est surmontée elle-
même d'un petit pavillon.

Un doris.

Par un temps favorable on peut disposer, par ce procédé, deux et trois
mille hameçons.

La pêche à la *ligne de fond* est préférable sur plusieurs points à la pêche
à la *ligne de main*.

En premier lieu, les cordes présentent cet avantage fort grand que le choix
des appâts est, d'après ce qu'affirment les pêcheurs, de peu d'importance
pour le poisson qui repose sur le fond, — tandis qu'il en est tout autrement
pour le poisson qui nage à diverses profondeurs et qui se prend à la ligne
de main. Ainsi, avec la ligne de fond, on peut employer indifféremment des
poissons salés, des morceaux de chien de mer, ou même des intestins de
morue, pour amorcer les hameçons.

En second lieu, lorsque l'on pratiquait seulement la pêche à la ligne de main pendant que le bâtiment allait en *dérive*, c'est-à-dire au gré de la mer et du vent, le produit de chaque homme n'était évalué qu'à sept cents morues.

Au contraire, par l'emploi des lignes de fond, les produits de la pêche sont fort abondants et s'élèvent quelquefois à soixante-dix mille morues pour un équipage de treize à quinze hommes, ce qui fait environ quatre mille cinq cents morues par homme.

En revanche, on prétend que le poisson, demeurant quelque temps dans l'eau après avoir été pris par ce procédé, est de qualité inférieure.

En effet, ce n'est que lorsque les lignes de fond ont passé six ou huit heures au fond de l'eau, que les doris reviennent pour les retirer.

Grâce aux bouées surmontées d'un pavillon, on parvient à les retouver malgré l'obscurité, et alors il faut les relever lentement et patiemment, sur une longueur de trois à quatre mille mètres, en visitant l'un après l'autre les six cents hameçons suspendus de distance en distance.

Le jour est venu sur ces entrefaites; mais ce n'est guère avant huit heures du matin que l'on regagne enfin le navire pour y embarquer le poisson, l'ouvrir, le nettoyer, en retirer les rogues et les foies et se hâter de *boëtter* les hameçons, car il faut repartir l'après-midi dans les doris, afin de tendre de nouveau les lignes avant le coucher du soleil.

Les embarcations une fois parties et bientôt hors de portée de la vue, il ne reste à bord que le capitaine et deux hommes qui, tout en décollant, tranchant et salant la morue, doivent constamment surveiller l'horizon, afin de rappeler les doris à coups de pierriers si le temps menace ou si la brume se fait et de leur faciliter au besoin l'accostage.

La double opération que nous venons de décrire et qui consiste à mouiller et à relever les lignes, est désignée par les pêcheurs sous le nom de *marée,* et comme trente ou trente-cinq marées au moins sont nécessaires pour remplir la cale du navire, comme il faut changer fréquemment de mouillage, manœuvre toujours longue et fatigante par ces grands fonds, il s'ensuit que là durée d'une pêche embrasse généralement plus de quarante jours de ce labeur incessant et excessif.

Ne sont guère plus heureux ceux qui restent à bord, pêchant à la ligne de

main, trempés d'eau, grelottant sous leurs vêtements continuellement
humides et qu'ils ne quittent jamais, même pour prendre quelques instants
de repos, haletants à force de remonter le lourd poisson, de le décrocher,
au milieu de l'odeur infecte qui se dégage de la cale, où l'on arrime les
morues « au vert [1] », et des deux tonneaux placés à l'arrière, les *foissières,*
où s'entassent les foies et dont on soutire l'huile, alors que, s'échappant des
cellules désagrégées par la décomposition, celle-ci vient flotter au-dessus du
nauséeux magma de sang, d'entrailles et de foies putréfiés qui tombe à la
partie inférieure.

Tout cela n'est rien encore. Heureux les banquiers si nul sinistre ne
vient assombrir la campagne, si aucun doris ne manque à l'appel du
soir.

Nous avons dit combien les brumes sont soudaines et intenses. Les sautes
de vent ne sont pas moins redoutables, et il est fréquent que des bateaux
s'égarent ou soient exposés à périr.

Il y a aussi les ice-bergs, — mais ce qui est plus terrible que les ice-bergs,
ce sont les steamers à grande vitesse.

Les Bancs se trouvent précisément sur la route que suivent ces derniers
entre l'Europe et l'Amérique.

Dans la brume, les bateaux ont beau tenir leurs fanaux allumés, faire
résonner leurs trompes, leurs cornets à bouquin, leur cloche, leurs sirènes
à vapeur, on ne se voit pas, on ne s'entend pas. L'étrave du grand paquebot,
tranchante comme un couteau, coupe en deux le pauvre morutier, qui coule
à pic. Un craquement, une secousse, quelques cris, une masse noire qui
disparaît, puis le grand silence de la mer.

Telle une hirondelle, dans son vol rapide, happe, au crépuscule, l'infime
moucheron.

Le paquebot continue sa marche, et, s'il arrive vite à New-York ou
à Halifax, il aura fait une belle traversée.

---

[1] On a vu, chapitre IV, la signification de ce mot.

VI

Importance de cette petite colonie pour la pêche française. — Vicissitudes historiques qu'elle a éprouvées de 1763 à 1816. — Description de l'archipel. — Son climat. — Ses productions. — La pêche de la morue.

Les bateaux français qui vont pêcher la morue dans les parages de Terre-Neuve trouvent tout naturellement un port de relâche dans notre petite colonie des îles Saint-Pierre et Miquelon. Ils peuvent, soit s'y approvisionner, soit y déposer leur poisson après leurs différentes pêches.

C'est même pour cet objet exclusif que le traité de Paris de 1763, qui nous ravit toutes nos autres possessions dans ces régions, nous laissa ces petites îles, à la condition expresse de ne point les fortifier.

Elles étaient d'ailleurs destinées à tomber encore bien des fois entre les mains des Anglais.

Ainsi, pendant la guerre de l'Indépendance de l'Amérique, non seulement les Anglais s'emparèrent, en 1778, des îles Saint-Pierre et Miquelon, mais encore ils en détruisirent les constructions de fond en comble, et ils forcèrent même les habitants, au nombre de douze à treize cents, à se réfugier en France.

Le traité de Versailles de 1783 nous rendit ces deux îles en toute propriété, mais toujours sous la condition restrictive et humiliante du traité de 1763, qui défendait d'y établir des fortifications et des postes militaires.

Bientôt l'activité des Français répara leurs pertes, et, pendant les années qui précédèrent les guerres de la Révolution, les produits de la pêche indigène des îles Saint-Pierre et Miquelon s'élevèrent annuellement à une valeur de deux millions cinq cent mille francs.

Les deux tiers de ces produits étaient exportés pour la France et les États méridionaux de l'Europe, l'autre tiers pour les colonies françaises.

La guerre de 1792 vint de nouveau détruire cette branche d'industrie, si importante pour la France, tant comme école de navigation que comme source d'alimentation et de commerce.

En 1793, les Anglais s'emparèrent des îles Saint-Pierre et Miquelon, et de nouveau en transportèrent les habitants en France.

La paix d'Amiens nous rendit cette possession en 1802, mais nous la reperdîmes en 1803.

Enfin le traité de Paris du 20 mai 1814 restitua pour la dernière fois à la France les deux îles, dont la rétrocession effective eut lieu le 22 juin 1816.

Dès lors les expéditions de pêche, encouragées par le gouvernement, ne tardèrent pas à reprendre leur ancienne activité; et depuis ce temps, grâce au renouvellement et à la continuation des encouragements accordés par la métropole, ces expéditions se sont progressivement accrues.

Les îles Saint-Pierre et Miquelon sont donc extrêmement intéressantes au point de vue particulier qui nous occupe, et méritent que nous donnions quelques détails descriptifs à leur sujet.

Le petit archipel constitué par l'île Saint-Pierre, les deux îles de Miquelon (la grande et la petite) et les quelques îlots qui en dépendent, est situé dans l'océan Atlantique, à la sortie du golfe de Saint-Laurent et à environ vingt kilomètres de la côte méridionale de Terre-Neuve.

L'île Saint-Pierre, véritable centre de la colonie, est située par 46°46' de latitude nord et 58°30' de longitude ouest.

La superficie totale de l'archipel est de 235 kilomètres carrés, peuplée de 5 929 habitants, — dont 33 kilomètres carrés et 5 355 habitants pour Saint-Pierre, alors que Miquelon, la plus grande en superficie, puisque son étendue est de 202 kilomètres carrés, n'a que 574 habitants. Celle-ci est par conséquent de beaucoup la moins importante.

On compte en outre six îlots dépendant de Saint-Pierre : le *Grand-Colombier* et le *Petit-Colombier*, l'*Ile-aux-Vainqueurs*, l'*Ile-aux-Pigeons*, l'*Ile-Massacre* et l'*Ile-aux-Chiens*, la plus considérable, distante de la côte nord de Saint-Pierre d'environ neuf cents mètres.

Au point de vue météorologique, les îles Saint-Pierre et Miquelon se trouvent dans la zone froide, sur la ligne isotherme qui a pour moyenne annuelle 5° au-dessus de zéro. L'été y est sans chaleur; l'hiver long; les froids rigoureux; les plus basses températures varient entre — 14° et 16° C.; le thermomètre descend quelquefois jusqu'à 20° au-dessous de 0°.

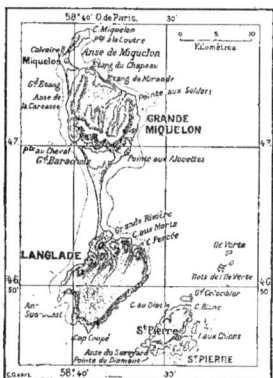

Saint-Pierre et Miquelon.

Pendant quatre ou cinq mois de l'année, de novembre à avril, la neige tombe en abondance dans ces parages. Les vents du nord et du nord-est, notamment, occasionnent des tourmentes de neiges qu'on appelle, à Saint-Pierre, le *poudrin*. En février et en mars, les îles sont enfermées dans un cercle de glaces qui s'étend à perte de vue et qui rend la navigation dangereuse. Les orages y sont rares; la grêle presque inconnue.

Examinons les caractères les plus intéressants des différentes parties de l'archipel.

L'île Saint-Pierre est de forme très irrégulière. Sa longueur, du sud-ouest au nord-est, est de 7 kilomètres et demi; sa largeur, du nord-ouest au sud-est, de 5 kilomètres et demi; son développement de côtes, de 26 kilomètres.

Saint-Pierre possède un profil mamelonné que lui donne une série d'éminences, dont la plus élevée atteint 204 mètres d'altitude au-dessus du niveau de la mer.

Haute et escarpée depuis le Cap-à-l'Aigle jusqu'à la pointe du Savoyard, elle s'infléchit au contraire vers la partie des terres que domine la tête de Galantry. Il n'y a pas de rivières, mais seulement quelques ruisseaux, qui servent d'écoulement aux étangs poissonneux de l'intérieur.

En effet, la série d'éminences que nous avons mentionnée ci-dessus limite de petits vallons, au fond desquels se trouvent une douzaine d'étangs, dont le plus considérable, celui du *Savoyard,* a 44 hectares de superficie; un autre, celui du *Pain-de-Sucre,* fournit de l'eau à la ville de Saint-Pierre.

L'île Saint-Pierre n'est, à proprement parler, qu'un rocher dépourvu de terre végétale, impropre aux travaux agricoles; on ne peut guère appeler végétation la mince couche de verdure dont il est revêtu. Le sol y est rocailleux en grande partie et serait tout à fait improductif si les efforts des habitants n'avaient pour ainsi dire vaincu la nature. Avec de grands soins et des amendements, on parvient à cultiver quelques légumes d'Europe; chaque maison, si pauvre qu'elle puisse être, a comme dépendance un jardinet.

L'île de Miquelon est formée de deux parties : au nord, la *Grande-Miquelon,* d'une superficie de 11 457 hectares; au sud, la *Petite-Miquelon,* plus communément appelée *Langlade,* d'une superficie de 9 133 hectares.

Ces deux parties sont reliées entre elles par une dune de sable de 9 à 10 kilomètres de longueur, très rétrécie en son milieu, où sa largeur atteint seulement 300 mètres, mais s'élargissant peu à peu vers ses extrémités en rejoignant les deux îles.

Cet isthme, d'une superficie de 940 hectares, constitue un écueil contre lequel sont venus se briser une multitude de navires. Sa côte est et sa côte ouest sont, à la lettre, pavées de coques de bateaux à demi enfoncées dans le sable, et qui, à marée haute, ressemblent, de loin, à de grosses baleines échouées. Ce banc de sable a bien mérité son lugubre surnom de « Nécropole des navires ».

L'île Langlade n'est séparée de l'île Saint-Pierre que par un petit bras de mer large d'environ une lieue, sorte de canal où la houle est très forte quand il vente du sud-ouest.

A la partie sud de la Grande-Miquelon s'ouvre le *Grand-Barachois,* vaste étang de 3 700 mètres de large, communiquant avec la mer par un goulet très étroit, que peuvent seules franchir, et en choisissant bien leur moment, les goélettes d'un faible tonnage.

Les Miquelons possèdent des minières d'ocre jaune, des pyrites de fer et de cuivre, et surtout du minerai de fer; à Langlade, il y a des schistes ardoisiers.

6

Le sol de la Grande-Miquelon ne se prête pas plus que celui de Saint-Pierre aux exploitations agricoles. Il est montagneux, raviné, coupé de marécages et de tourbières.

Tout autre est l'aspect de Langlade, avec ses coteaux couverts de bouquets de bois aux essences variées et ses prairies émaillées de fleurs. Certes, les céréales ne peuvent y être l'objet d'une culture suivie, mais du moins les pâturages permettent-ils aux fermiers de s'y livrer avec succès à l'élevage du bétail.

Grâce à Langlade, on peut évaluer à 1 750 hectares la superficie totale des terres de la colonie qui ont été mises en état de rapporter quelques produits, en y comprenant les jardins et les prairies artificielles.

Dans ces conditions, il semblerait que l'on eût dû faire de Miquelon le principal établissement de la colonie, lorsque celle-ci fut peuplée, pour une grande partie, par les colons français chassés de l'Acadie en 1755.

En effet, quand on aborde la ville de Miquelon par la baie de ce nom, on croit trouver une grosse bourgade. Mais dès qu'on atterrit, l'illusion tombe. Le bourg de Miquelon n'offre rien de remarquable. Il est composé en tout d'une centaine d'habitations faisant face à la mer, — maisons basses, sans étage, toutes noircies par l'âge et les intempéries. — Les habitants, actifs et industrieux, sont pêcheurs habiles et hardis matelots. Ils possèdent quarante à cinquante goélettes pontées et deux cent cinquante à trois cents embarcations, avec lesquelles ils vont pêcher à l'embouchure du fleuve Saint-Laurent et sur la côte ouest de Terre-Neuve. Chacune de ces goélettes fait trois voyages par saison et rapporte environ deux mille cinq cent kilogrammes de morue.

Au début de la colonisation, on s'était demandé si Miquelon ne devait pas être la capitale du petit archipel. Il y avait de bonnes raisons pour cela : une rade capable d'abriter toute une flotte, un territoire comportant vingt-deux mille hectares cultivables dans certaines parties.

C'est la défectuosité de la rade de Miquelon qui a fait la suprématie de Saint-Pierre, dont le port est excellent. Aussi la plus grande des deux îles, délaissée, se dépeuple-t-elle par l'émigration.

C'est que la valeur des îles Saint-Pierre et Miquelon n'est pas dans leur sol, à peu près improductif, mais dans la mer dont elles sont entourées, et qui fournit à la colonie une source à peu près inépuisable de richesses.

En fait, la pêche de la morue est la véritable et presque la seule industrie du pays. Autour de la pêche gravitent toutes les industries annexes, qui emploient les charpentiers, les calfats, les voiliers, les forgerons, les tonneliers, etc. Les salaires sont très rémunérateurs et varient entre 12 et 15 francs par jour pour les calfats, 8 et 10 francs pour les ouvriers charpentiers de marine.

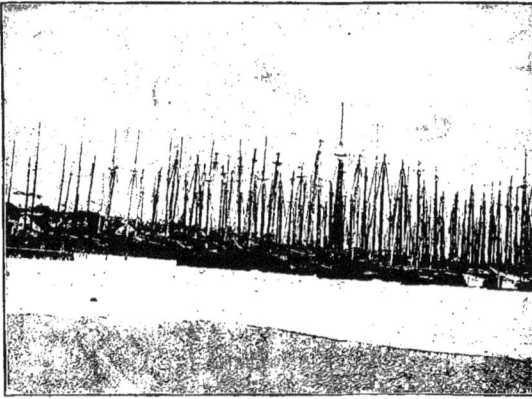

Goélettes désarmées dans le Barachois.

Les conditions faites aux ouvriers appartenant aux différents autres corps de métiers sont généralement fixées ainsi qu'il suit : ouvriers charpentiers de maison, 6 francs par jour; maçons, de 6 à 9 francs; forgerons, de 5 à 6 francs; boulangers, 1 200 francs par an avec le logement et la nourriture.

Toute l'activité commerciale est concentrée dans la capitale de la colonie, Saint-Pierre, le seul port de l'archipel dont la rade présente quelque sûreté et où puissent mouiller et relâcher les grands navires arrivant d'Europe et d'Amérique.

L'extrémité nord-ouest de l'Ile-aux-Chiens, faisant face au cap Rouge de l'île Saint-Pierre, est le commencement de cette rade, dans laquelle on pénètre par trois passes : la passe du nord-est, la passe du sud-est et la passe aux Flétans. La rade, longue de plus d'un mille, s'arrondit à son extrémité sud et prend fin à l'Ile-aux-Moules. C'est entre cette île et la Pointe-aux-Canons que commence le port de Saint-Pierre, petit havre intérieur dit *Barachois.*

« On éprouve un profond désenchantement, dit M. J. Thoulet, lorsque, du pont du navire mouillé en rade, on considère l'horizon qui vous entoure. Partout le rocher, revêtu par places d'une sorte de feutrage de sapins nains, forêt lilliputienne, où des arbres de quatre-vingts centimètres sont des arbres de haute futaie. La montagne descend à pic dans la mer; et, sur la hauteur, à une centaine de mètres au plus, un voile de brume flotte presque continuellement au-dessus de nombreux petits lacs. Au fond, la ville de Saint-Pierre, le Barachois, le feu de Galantry; à gauche, l'Ile-aux-Chiens, l'Ile-aux-Vainqueurs, l'Ile-aux-Pigeons, autant de rochers arides. On débarque à l'une des cales qui bordent le rivage et dont chacune appartient à un arma-teur, sorte d'appontement construit sur pilotis où accostent les embarcations, à l'extrémité duquel viennent s'amarrer les goélettes de pêche, et qui con-duit aux magasins et à l'habitation du propriétaire. On fait quelques pas et l'on arrive sur la route de Gueydon, qui va du Cap-à-l'Aigle jusqu'en ville. »

La ville s'étend en amphithéâtre autour du Barachois, dans lequel se réfugient, pendant l'hiver, les bâtiments d'un faible tonnage qui ne rentrent pas en France. Au bord de la mer sont les *habitations* ou établissements con-sacrés à la préparation de la morue, tous entourés, en guise de jardins, de ces parterres caillouteux baptisés du nom de *graves,* et dont nous avons déjà donné la description et indiqué la destination.

En arrière se croisent, à angles droits, une demi-douzaine de rues, où les boutiques alternent avec les cabarets.

La ville de Saint-Pierre est bâtie à peu près entièrement en bois et offre un aspect spécial; elle n'est ni anglaise, ni américaine, ni française, c'est un mélange de ces trois genres. Les rues sont assez larges. Les maisons, rarement peintes et qui offrent à l'œil une teinte noirâtre, sont à un seul étage; leur porte est précédée d'un porche qui protège contre le poudrin de l'hiver, dont nous avons déjà parlé, cette neige sèche, en poussière fine, qui s'introduit dans les moindres fissures et qui, sans ce porche, viendrait s'amonceler contre la porte et la condamner.

Les magasins, dans le centre de la ville, présentent tous le même aspect; tous paraissent vendre les mêmes marchandises : des objets de ménage, des provisions de bouche et des ustensiles de pêche. Il y a deux ou trois hôtels, des débits de boissons, et, sur le quai, autour du Barachois, des ateliers de construction de navires et des entrepôts.

Les monuments sont modestes. Le palais de justice présente seul une certaine apparence; la demeure du gouverneur des îles ressemble extérieu-

Habitations de petits pêcheurs.

rement à un hangar, quoiqu'elle soit assez confortable à l'intérieur. Il y a encore sur le quai de la Roncière une vasque en fonte avec tout le tuyautage nécessaire pour un jet d'eau : il n'y manque que l'eau; et, en dehors de la ville, sur la route qui relie Saint-Pierre à l'anse au Savoyard, une colonne en pierre consacre le souvenir de la frégate *l'Iphigénie*. Sur un monticule qui domine la ville et qui s'appelle *le Calvaire,* une croix gigantesque a été érigée.

En arrière de la ville s'étagent des collines recouvertes de cette forêt lilliputienne à laquelle il est fait plus haut allusion, et dont les sapins montent au plus à la hauteur du genou.

Les forêts restèrent à l'état vierge jusqu'à l'époque où le département de la marine eut l'heureuse idée d'envoyer à Terre-Neuve, chaque année, pendant deux mois, une partie des bâtiments de la division des Antilles, afin de soustraire les équipages aux fâcheuses influences d'un hivernage tropical.

Afin que ce changement de climat fût encore plus profitable aux matelots, on les occupa, à terre, à doter la petite île de Saint-Pierre des voies de communication qui lui manquaient, et ce fut ainsi que l'on vit s'ouvrir, à travers les forêts de l'intérieur, la route de la *Cléopâtre*, la route de la *Bellone*, celles de l'*Iphigénie*, du *Surcouf*, du nom des différents navires qui s'illustrèrent ainsi successivement dans la carrière des ponts et chaussées. Puis, comme un progrès ne vient jamais seul, l'administration locale se piqua d'honneur et fit don au port d'un système de quais et de jetées.

Enfin, en 1867, les embellissements de la colonie furent complétés, plus coûteusement qu'on ne l'eût désiré, par l'intervention brutale d'un incendie, qui força les habitants à reconstruire leurs maisons en les espaçant davantage et de façon à donner moins de prise au feu.

C'est ainsi que Saint-Pierre a pris peu à peu l'aspect d'un port de commerce assez respectable, et que ce rocher perdu, condamné par la nature à une stérilité absolue, n'en est pas moins devenu le siège d'un mouvement maritime qui s'accroît chaque année et d'une activité qui est incomparablement plus intense, proportionnellement, que celle de sa grande voisine, l'île de Terre-Neuve.

Saint-Pierre, répétons-le, est le pays de la morue. Étendues sur les *graves,* couchées du côté du soleil sur des *rames,* suspendues en l'air, la queue prise entre les lattes des *bordelaises,* en tas, en meules,... des morues! On embarque des morues, on débarque des morues, on lave des morues, on mesure du sel pour les morues! Aux vitrines des magasins, des *turluttes* pour la pêche de l'*encornet* (boëtte pour la morue), des faux pour pêcher la morue, des gants pour la morue, des couteaux à piquer et à trancher la morue!

Le moment où le port est le plus animé est la fin du mois de mai, lorsque la flotte des *banquiers* vient débarquer le produit de sa première pêche et acheter en même temps aux goélettes venues de la côte anglaise le capelan destiné à servir de boëtte ou d'appât pour la seconde pêche.

Alors, pendant quelques semaines, la rade est couverte de navires, le mouvement des entrées et des sorties est incessant et, à terre, les rues ne désemplissent pas de matelots demi-ivres, traînant de taverne en taverne leurs énormes bottes de mer.

C'est aussi le moment de la grande activité dans toutes les habitations, où se préparent, pendant cette campagne d'été, les expéditions destinées

Entrée de la rade de Saint-Pierre et Ile-aux-Chiens.

aux divers marchés que nous alimentons : Boston, les Antilles, Marseille, la Réunion. Un fait assez curieux, c'est que le premier choix de morues est invariablement réservé à la place américaine de Boston, les qualités inférieures étant considérées comme suffisantes pour nos colonies, où des tarifs spéciaux en protègent la vente.

La petite pêche, qui s'exerce dans des canots autour des îles Saint-Pierre et Miquelon, apporte naturellement ses produits à Saint-Pierre, surtout à l'Ile-aux-Chiens, où sont les établissements qui préparent la morue. Ce travail est fait par les *graviers* venus de France dès le début de la saison.

Les graviers sont des jeunes gens de seize à dix-huit ans, pour la plupart originaires des Côtes-du-Nord. Ils sont au nombre de six cents environ.

Leurs fonctions, dont nous avons décrit les difficultés et les fatigues, sont extrêmement pénibles et ne comportent guère d'interruption. Pendant neuf mois de l'année, ils sont à la besogne, fournissant jusqu'à dix-huit heures par jour, ne se reposant jamais. Pour eux, il n'y a ni fêtes ni dimanches. Et cette somme énorme de travail leur vaut au plus cent vingt francs par campagne.

Outre la petite pêche autour de leur archipel, les Saint-Pierrais font aussi la grande pêche.

Ce sont eux qui exploitent en majeure partie la pêche du French Shore, où ils vont, dans les havres, conduits par des goélettes qui reviennent les prendre lorsque la saison est finie.

Cependant plusieurs maisons de France, de Saint-Malo en particulier, envoient aussi des navires faire la pêche de la morue sur le French Shore, et elles ont adjoint à cette industrie celle de la pêche du homard.

Sur les bancs, au contraire, la pêche est principalement faite par des navires expédiés de France.

Les uns, partant dans les premiers jours de mars, viennent atterrir à Saint-Pierre, y déposer leurs chargements et les équipages de goélettes, et prendre comme boëtte le hareng, qui sert pour la première pêche. Ces navires, ainsi que les goélettes armées à Saint-Pierre avec les équipages qu'ils ont amenés, reviennent plusieurs fois atterrir pendant la saison de pêche : les goélettes de petit tonnage, une fois par mois environ; les navires, une fois en juin et à la fin de la campagne.

D'autres bâtiments, les grands navires pêcheurs de trois cents à cinq cents tonneaux, partent de France vers le 15 ou le 18 mars et mouillent directement sur le Grand Banc. Ils emportent de la viande de cheval salée qui leur servira à *boëtter* les casiers où ils prendront les *coucous* ou *bulots*, sortes de coquillages qui serviront à leur tour pour boëtter les lignes destinées à la pêche de la morue. La provision de viande salée sera ensuite remplacée par les détritus de morue.

Ces navires reviennent directement en France prendre des ordres à Belle-Isle, d'où ils sont dirigés sur les ports de vente.

Enfin de grands navires, affrétés spécialement pour cet objet, amènent de France à Terre-Neuve tout le personnel complémentaire, soit pour l'armement des goélettes saint-pierraises, soit pour tous les travaux que nécessite la préparation des produits de pêche, puis reviennent, à la fin de la saison, pour le rapatrier.

De cet aperçu de la vie saint-pierraise il est facile de conclure que la colonie n'est nullement favorable à une exploitation économique quelconque, puisque, en dehors de la pêche et des industries qui s'y rattachent, on ne trouverait pas à s'y employer avec profit. Les îles n'offrant aucune autre ressource que le produit des pêcheries, il serait inutile, quant à présent, de chercher à y créer de nouvelles industries, qui seraient fatalement vouées à l'insuccès.

Cela est encore démontré par la nature des exportations et des importations.

Les exportations, dont la valeur oscille, suivant que la saison a été plus ou moins favorable, entre dix et vingt millions de francs, se composent exclusivement des produits de la pêche : morue et huile de foie de morue. La France en reçoit pour huit millions et demi; les colonies françaises (Martinique, Guadeloupe et Réunion) pour un million et demi; le surplus est exporté à l'étranger.

Les importations, d'une valeur moyenne de quinze millions de francs, proviennent surtout du Canada, des États-Unis et de l'Angleterre, qui fournissent à la colonie des denrées alimentaires, du bois de construction et de chauffage, pour une valeur approximative de neuf millions.

D'une façon générale, les îles de Saint-Pierre et Miquelon ne reçoivent de la métropole que les articles qu'elles ne peuvent créer ou se procurer dans les pays voisins. C'est ce qui fait que les importations de France, d'une valeur d'environ cinq millions de francs, consistent surtout en habillements: tissus de laine, chanvre et coton, soie; beurre salé; lard, grains secs; vins, cidres et bières; alcools et liqueurs; sel pour la pêche.

La colonie de Saint-Pierre et Miquelon est administrée par un gouverneur de quatrième classe, résidant à Saint-Pierre, avec l'assistance d'un conseil privé et de trois chefs d'administration : un directeur de l'intérieur, un chef de service judiciaire et un chef des services administratifs. Un conseil général de treize membres a été institué par décret du 2 avril 1885.

La colonie est divisée en trois communes administrées par un conseil municipal : Saint-Pierre, Miquelon et l'Ile-aux-Chiens.

Ces îles ne sont pas représentées au Parlement français; mais elles élisent un délégué au Conseil supérieur des colonies.

Le budget de la colonie s'élève à environ six cent mille francs.

Outre les communications que la grande pêche établit nécessairement entre la métropole et les îles Saint-Pierre et Miquelon, il y a un service postal régulier (voie que peuvent emprunter les passagers), un service commercial par voiliers (pouvant également prendre des passagers) entre Saint-Pierre et les ports de la Manche, et deux câbles télégraphiques.

Le service postal emprunte la voie des paquebots transatlantiques (le Havre-New-York), la voie ferrée de New-York à Halifax en hiver ou Sydney en été, puis le steamer postal saint-pierrais entre l'un de ces deux ports et la colonie. Même voie, en sens inverse, pour le retour. Ce trajet s'effectue, pour l'aller comme pour le retour, de quinze en quinze jours.

Le prix du passage par la voie postale est de 750 francs en première classe.

Par voilier direct, le prix du passage peut varier de 60 à 200 francs.

Le prix du fret des marchandises d'un port de la Manche à Saint-Pierre est de 30 à 35 francs par tonne.

Les colis-postaux, jusqu'à 5 kilogrammes (n'excédant pas 60 centimètres et le volume de 20 décimètres cubes), sont taxés 4 francs.

Le prix des télégrammes, soit par la voie française, soit par la voie anglaise, est de 1 fr. 25 par mot de 10 lettres au plus.

Nous connaissons maintenant d'une manière absolument complète les différents théâtres des opérations de nos pêcheurs de haute mer dans les parages de Terre-Neuve et la manière dont ils les effectuent.

Il nous reste à examiner un troisième aspect de la rude vie de nos marins, et ce n'est pas le moins important.

Dans quelles conditions physiques, morales, économiques, exécutent-ils leur âpre labeur?

Ce sera l'objet du chapitre suivant.

VII

CONDITIONS MATÉRIELLES ET PÉCUNIAIRES DE LA PÊCHE DE TERRE-NEUVE

Progrès de la pêche terre-neuvienne. — Les ports d'armement. — Les quatre sortes de pêche. — Recrutement du personnel. — Aménagement des navires. — Hygiène. — Régime alimentaire. — Solde.

Après une crise de plusieurs années, les armements pour Terre-Neuve se sont subitement relevés. De 160 qu'il était en 1897, le chiffre des navires métropolitains est passé successivement à 183 en 1898; à 202 en 1900; à 213 en 1901. Il atteint aujourd'hui 220.

Même progression dans l'armement colonial : de 184 en 1899, le chiffre des navires est monté à 206.

Au total, la pêche terre-neuvienne emploie 426 navires: goélettes, trois-mâts, barques, sloops et cotres.

En y comprenant le personnel des « chauffauds » et les *graviers,* on peut dire que plus de 10000 marins sont occupés, d'avril à septembre, tant sur les bancs que dans les stations de la côte, à la capture et à la préparation des morues.

Ces chiffres ont leur éloquence : ils témoignent de l'importance croissante d'une industrie qui eut ses bons et ses mauvais jours, et dont la prospérité semble à présent fixée.

Les ports d'armement pour Terre-Neuve sont Fécamp, Granville et Saint-Malo.

Nous avons vu que la pêche, dans les parages de Terre-Neuve comprend plusieurs modes :

1° Sur le French Shore, elle se fait au moyen de chaloupes, dont le personnel couche à terre.

2° Aux îles Saint-Pierre et Miquelon, bon nombre d'embarcations légères, (doris), montées par deux ou trois hommes, font la pêche le long des côtes et rallient également la terre tous les soirs.

3° La pêche saint-pierraise se pratique aussi plus au large, sur le Banquereau, le Banc à vert, etc., au moyen de petits cotres indigènes et d'anciennes goélettes banquaises qui désarment à Saint-Pierre pendant l'hiver, et dont le personnel est amené de France au printemps. Les navires de cette sorte rallient encore assez fréquemment la côte, dont ils ne sont guère séparés que par quelques milles seulement.

4° Enfin les navires banquais proprement dits quittent les ports de la Manche dans lesquels ils sont armés, vers les derniers jours de mars, font la pêche sur le Grand Banc et reviennent à l'automne.

Des quatre pêches terre-neuviennes, la pêche banquaise est de beaucoup la plus dangereuse et la plus importante. C'est elle aussi sur laquelle s'est portée plus particulièrement, en ces dernières années, l'attention des pouvoirs publics.

Voyons, tout d'abord, comment se recrutent les pêcheurs. Le procédé est simple.

Un « embaucheur » va les trouver, au printemps, chez eux ou au cabaret, et leur propose des avances immédiates en échange d'un engagement. Justement l'hiver a épuisé les faibles ressources du ménage. La misère est quelquefois au logis. Le malheureux n'hésite pas longtemps... Alléché par cette avance qu'on lui offre, il accepte les quelques pièces d'or dont il a tant besoin. Il faut ajouter, pour être juste, que ces avances, depuis quelques années, ont haussé notablement. Elles sont portées à cinq cents francs pour un patron de doris, à quatre cents pour un simple matelot. On les leur donne à valoir sur ce qu'ils gagneront pendant la campagne.

Si c'est nécessaire, on décide les hésitants en les faisant boire plus que de raison, et voilà des hommes « bons » pour la saison de pêche.

Officiellement, la pêche de la morue commence le 1er avril pour finir le 1er octobre; mais ces dates n'ont rien d'absolu. Dès le mois de mars, les marins des ports de Bretagne et de Normandie s'apprêtent à s'embarquer pour les parages de Terre-Neuve. Le nombre de ceux qui partent s'élève à sept ou huit mille.

Les navires qui vont sur le banc pêcher la morue ne reviennent pas tous hiverner en France; beaucoup d'entre eux, environ deux cents, désarment à la mauvaise saison dans le port de Saint-Pierre, aux îles Saint-Pierre et Miquelon. Les équipages des goélettes qui restent là-bas sont rapatriés soit par les bâtiments pêcheurs revenant en France, soit par d'autres navires spécialement affectés à leur transport.

De même, quand arrive l'époque du départ, ils rejoignent la colonie par ce double mode de transport. Leurs engagements sont souvent signés avant qu'ils ne quittent le village de la côte

Arrivée des *terre-neuvas* avec leurs bagages
sur les quais de Saint-Malo.

où ils ont passé l'hiver au milieu de leur famille. Ceux qui s'embarquent sur les navires de pêche qui vont d'abord à Saint-Pierre avant de revenir travailler sur le banc, partent d'ordinaire au commencement de mars. Les autres, au nombre de plus de trois mille, s'entassent pour la traversée à bord de deux ou trois grands paquebots à vapeur, qui, ayant une hélice pour vaincre l'Océan, ne quittent la France que dans les derniers jours du même mois.

C'est un spectacle à la fois pittoresque, instructif et touchant que de voir, au jour du départ, sur les quais de la vieille ville des corsaires, l'encombrement des matelas et des coffres de ces hommes, jetés pêle-mêle hors des carrioles, pauvre et fruste mobilier d'où ils tireront, au cours du voyage,

le rudimentaire confortable au delà duquel ne vont pas leurs désirs. Comment souhaiter ce qu'on ne connaît pas ?

Dans cette foule d'ouvriers de la mer, rudes d'aspect, robustes et carrés, dont quelques-uns portent encore la marque des « tournées » d'adieu, errent les coiffes des femmes qui sont venues accompagner jusque-là leurs fils, leurs frères et leurs maris. On s'embrasse une dernière fois, rapidement pour cacher des larmes sournoises qui perlent aux paupières, — et le pêcheur monte à bord, emportant dans son coffre, cloués au couvercle, les portraits de la famille avec les images de piété, souvenirs de la religion et de la patrie qui le réconforteront aux heures sombres de la fatigue et du découragement.

Le moment du départ venu, et les derniers retardataires hissés sur le pont, le paquebot se détache du quai. L'assistance est nombreuse à terre ; à bord, c'est la foule. Quelques tours d'hélice, et la distance qui sépare ces affections brutalement s'amplifie, jusqu'à devenir un abîme. Voilà les familles divisées encore jusqu'à l'automne, — long délai pendant lequel les glaces, ou l'étrave d'un transatlantique, ou la brume, ou la tempête auront le temps de faire plus d'un orphelin.

Le coffre d'un pêcheur. — Images pieuses et portraits de famille cloués au couvercle.

Durant tout le voyage, les hommes couchent dans les entreponts sur leur matériel, paillasses et traversins ; ils ne se déshabillent jamais, pas plus d'ailleurs qu'ils ne le feront pendant toute la campagne de pêche, au cours de laquelle ils se contentent, à leurs loisirs, de quitter quelquefois leurs bottes. Beaucoup passent les douze jours de la traversée étendus sur leurs coffres, et ne se lèvent que pour prendre leurs repas.

Le départ des terre-neuvas, le « grand départ », comme on dit sur la côte bretonne, est un événement qui a lieu tous les ans au port de Saint-Malo.

Voici quelques extraits du récit d'un témoin oculaire du « grand départ » de la saison de 1902 :

« Trois paquebots, — le *Château-Laffite*, l'*Hélène*, le *Burgundia*, — n'avaient pas à leur bord moins de trois mille passagers se rendant à Saint-Pierre pour compléter les équipages des goélettes coloniales.

« De ma vie je n'oublierai le spectacle auquel j'assistai sur le dernier de ces navires. Il pleuvait à torrents ; dans les cales qui devaient leur servir de dortoir pendant la traversée, treize cents hommes s'empilaient sur un espace qui en pouvait bien recevoir quatre ou cinq cents au maximum. A tâtons, dans le noir, chacun cherchait sa paillasse et son coffre, embarqués de la veille, jetés en vrac dans la cale. Paillasses et coffres couvraient tout le plancher, débordaient jusque

Le *Burgundia* à quai.

dans l'entrepont. Il n'y avait littéralement pas une seule place où il fût possible de poser le pied. Et, par les échelles, un flot ininterrompu de passagers continuait à descendre. Beaucoup étaient ivres ; d'autres pleuraient ; un mousse, dans un coin, jouait de l'accordéon.

« La sirène hulula. Les hommes abandonnèrent paillasses et coffres pour remonter sur le pont. On enlevait la passerelle : doucement, ses amarres lâchées, le *Burgundia* commençait son évolution. Et, tout à coup, un grand cri rauque s'échappa de ces treize cents poitrines humaines, cri de bête blessée plutôt que dernier adieu à ceux qui restaient : aux mères, aux épouses, aux sœurs, aux enfants qui, sur le quai, devant le navire, piétinaient depuis l'aube dans la boue, le cœur angoissé par l'imminence du départ.

« Un groupe d'ivrognes, qui avait pris d'assaut le toit d'une des étables en planches dressées sur le pont, se mit à danser frénétiquement. Dans les haubans, un ancien trompette de régiment, coiffé d'un képi matriculé, sonnait la retraite ; claires et perlées, les notes s'égrenaient ironiquement sur la mer, et on les entendait encore de la jetée quand le navire, sous le treillis de l'averse, n'était déjà plus qu'une silhouette grise, presque indistincte.

Départ du *Burgundia*.

« — Ah ! les pauv'p'tits malheureux ! dit près de moi une vieille femme de Pleudihen, dont les deux « gars » venaient d'embarquer sur le *Burgundia* et qui, son mouchoir de poche posé à plat sur sa coiffe, pour l'abriter de la pluie, s'obstinait à fixer l'horizon où rien n'apparaissait plus. »

Soit qu'ils arrivent par les vapeurs, soit qu'ils arrivent par les voiliers, les marins métropolitains séjournent peu à Saint-Pierre. A peine débarqués, ils montent sur leurs goélettes respectives, au rôle desquelles ils sont inscrits. Leur armateur les emploie à compléter l'armement. Aussi les voit-on aller et venir par les rues de Saint-Pierre. Ils ont une démarche pesante, qu'alourdissent encore davantage leurs grosses bottes de cuir.

A partir du 15 avril, les goélettes du port de Saint-Pierre, armées, équipées, pourvues du certificat de navigabilité, appareillent pour les lieux de pêche.

A bord des navires banquiers, les marins ne trouvent que des conditions d'hygiène déplorables, et ils ne doivent d'y résister dans une certaine mesure qu'à leur tempérament très robuste.

Pour donner une idée des maux qu'ils ont à endurer, — en dehors des fatigues de la pêche, — du fait de l'installation très fàcheuse des bateaux, nous citerons quelques passages du rapport de M. le Dr Cazeau, un médecin de la station[1] :

« L'hygiène est ce dont on se préoccupe le moins sur les navires banquiers. C'est une chose insoupçonnée. Absence complète de propreté, encombrement, méphitisme, humidité, etc., pour résumer tout : saleté repoussante à un degré inimaginable. La morue prime tout; elle seule a droit aux soins les plus minutieux ; pour elle, on sait nettoyer et entretenir des cales dégagées; la partie du navire qui la contient ne mérite aucune critique. »

Cette partie du navire réservée à la morue est celle du milieu du navire : on lui donne la plus grande étendue possible, et l'on restreint, au contraire, le plus qu'on peut, le compartiment d'arrière destiné au logement du capitaine et des officiers, — et surtout le compartiment d'avant où se trouve le poste de l'équipage.

Laissons de nouveau la parole à M. le Dr Cazeau :

« Ce qu'on appelle le *poste de l'équipage* est toujours un trou sombre, aux murailles suintantes, au plancher boueux, ne communiquant avec l'extérieur que par un panneau chargé d'amener l'air et la lumière, mais d'où s'échappe, en réalité, une odeur indéfinissable qui vous arrêterait au seuil même, si l'on ne voulait voir jusqu'à quel point les prescriptions de l'hygiène la plus élémentaire peuvent être impunément négligées.

« Ils sont là cinq, dix, vingt-cinq adultes et hommes mûrs, dans un espace toujours trop petit pour leur nombre. Ils y apportent leurs vêtements mouillés qui, bientôt, dégagent une buée aussi épaisse que la brume du dehors. Ils y prennent leurs repas, jetant à terre le fond d'une gamelle de soupe, d'un verre de cidre, des os, des arêtes de poissons, faisant plus encore, peut-être, pour ne pas monter sur le pont à certaines heures de la nuit.

« Les couchettes, occupées le plus souvent par deux hôtes, sont des cavités obscures, dans lesquelles pourrissent des matelas qui ne sont jamais exposés à l'air, avec des couvertures perpétuellement humides.

[1] Dr Cazeau, médecin de la division navale de Terre-Neuve, *Rapport médical sur les pêcheurs de Terre-Neuve*, 1895.

7

« Le plancher est couvert d'une couche gluante qu'il serait facile d'enlever par le grattage, mais qu'on laisse par négligence. Un mousse est officiellement chargé de la propreté du poste; mais, une fois sur le banc, il travaille comme tout le monde à la morue, et les hommes, ralliant le bord, se couchent sans retard et apprennent vite à croupir dans une saleté immonde.

« … Le scorbut est, de nos jours, une maladie rare sur le banc de Terre-Neuve, mais tous les capitaines un peu vieux dans le métier en ont vu des cas. Ils s'en souviennent encore et savent surtout qu'il enlève des bras au travail. Aussi le lard salé ne constitue-t-il plus, comme dans les « chauffauds », le fond de la nourriture. C'est la morue, produit de la pêche de chaque jour, qui est préparée en ragoût, en soupe; on y ajoute seulement une petite quantité de lard salé haché. Le flétan, poisson volumineux, à chair saine et très appréciée, vient, avec quelques autres espèces, rompre la monotonie de ce régime.

« Pas de pain, du biscuit à discrétion. Des pommes de terre prises en France. Les pêcheurs touchent, en outre, le graissage : deux cent cinquante grammes de beurre et autant de graisse de Normandie par semaine et par homme.

« Comme liquides, voici le genre de distribution le plus généralement adopté et officiellement avoué : chaque homme touche un quart de vin à midi, et, comme eau-de-vie, un boujaron de six centilitres, six fois par jour : le matin au lever, à huit heures, à dix heures, à quatre heures de l'après-midi, à six heures et enfin un sixième dans la soirée, s'il pêche l'encornet, ce qui fait plus d'un tiers de litre. Et que l'on soit bien persuadé que ce n'est là qu'un minimum, les gratifications étant fort en honneur sur le banc pour stimuler le zèle du pêcheur qui, pour une goutte de trois-six en supplément, ne recule devant aucun effort. Et les jours de pêche abondante, de surcroît de travail, une gratification vient faire oublier la fatigue et l'absence de sommeil. Sans compter que ce liquide est à discrétion chez certains pêcheurs saint-pierrais travaillant pour leur compte et ne s'approvisionnant pas de vin. Ce sont là, nous l'avons dit, les chiffres avoués, mais nous pouvons assurer que, le plus souvent, le pêcheur boit chaque jour son demi-litre d'eau-de-vie. Celui qui travaille le plus est celui qui en absorbe le plus.

« — L'alcool, voyez-vous, nous disait naïvement un capitaine prud'homme et gérant d'une des plus importantes maisons, — l'alcool, c'est la boëtte du pêcheur, comme l'encornet, c'est la boëtte de la morue.

« Les alcools dont on use à Terre-Neuve sont d'origine allemande, et sont achetés par les armateurs au prix de soixante centimes le litre, au titre de 96°. On les ramène à 40° ou 45°, ce qui met le litre à trente centimes.

« Le poste de l'équipage étant toujours trop petit pour le nombre d'hommes qui l'occupent, les mousses et pilotins détenant les cabines de l'arrière, quand il en existe, aucun local ne reste disponible pour recevoir un malade. Aussi, les rares fois que nous avons eu à examiner un homme alité, est-ce sur un caisson de la chambre de l'arrière que nous l'avons trouvé couché. Pas de place ailleurs : il n'y a rien à répondre. Pour cette raison et pour d'autres encore, il n'est pas permis, il n'est même pas possible d'être malade sur les navires banquiers. Ces pêcheurs, doués d'une grande endurance, ne se croient jamais malades ; leur sensibilité un peu obtuse ne leur permet pas de ressentir un malaise, qui pourtant n'est souvent que le début d'une affection plus sérieuse. Ils espèrent toujours que *ça se passera tout seul.* Il faut que le malade soit terrassé pour qu'il réclame des soins. D'autres fois il souffre, comprend qu'il pourrait être soulagé, qu'il devrait interrompre son travail ; mais un homme de moins quand le poisson donne, ça ne se remplace pas. Il redoute les réflexions du capitaine, qui, tout en le soignant, lui reproche sa pusillanimité. Il craint aussi de diminuer son gain. Il faut donc aller toujours et quand même ; et ces esprits un peu frustes le comprennent néanmoins lorsqu'ils expriment la chose en termes rudes comme eux, mais vrais :

« — Sur les bancs, c'est : *Marche, ou crève!* »

Cette parole est d'autant plus vraie que la pêche, sur le banc, présente, comme nous l'avons vu, de multiples dangers.

Rappelons brièvement que si le mauvais temps survient pendant les opérations de la pêche, les hommes qui montent les doris peuvent se trouver dans l'impossibilité de regagner leurs navires. Si les brumes intenses de ces régions viennent couvrir les flots, ils les perdent de vue et s'en vont, — suivant l'expression consacrée, — en dérive.

Il existe bien des règlements prescrivant aux doris d'emporter des vivres et un compas. Mais les infractions à ces prescriptions sont fréquentes.

Conçoit-on alors la situation des hommes ainsi perdus au large, sans vivres, sans eau et sans boussole! Se sauver dans ces circonstances, c'est miracle! Aussi chaque année compte-t-on nombre de doris naufragés.

Rappelons encore que la sécurité n'est guère beaucoup plus grande sur le navire lui-même.

Il est à l'ancre, et pour éviter le travail pénible de la levée de trois cents mètres de chaîne, on ne se décide à appareiller que si le mauvais temps compromet décidément le navire. Or, on s'y prend souvent trop tard. On ne peut lever l'ancre à cause de l'état de la mer, et on hésite à perdre le câble en le coupant. Une lame plus forte suffit alors pour couvrir le navire et en disperser les débris.

Rappelons enfin le danger que présente le passage soudain, dans la nuit et dans la brume, des grands paquebots rapides et celui des glaces flottantes.

Dans ces conditions, il n'est pas étonnant que M. le Dr Bonnafy, médecin en chef de la marine, ait pu comparer le taux de la mortalité sur les bancs à celui des pertes causées par deux grandes batailles. Nous le citons textuellement [1] :

« La statistique des pertes subies par nos pêcheurs dans la dernière campagne de pêche à Terre-Neuve nous donne les chiffres suivants :

« En 1897, les 10,500 pêcheurs de Terre-Neuve ont perdu 266 hommes par les causes suivantes :

Par naufrages (six navires naufragés)	143
Disparus en mer (doris en dérive)	65
Par maladies	58
Total	266

« Cela donne pour mortalité générale, en six mois, 26 p. 1000.

« Comparons ces pertes à celles que subissent les armées dans les conditions dramatiques d'une bataille.

---

[1] *Secours aux marins des grandes pêches.*

« Prenons, par exemple, les batailles de Magenta et de Solférino.

« D'après M. le médecin inspecteur Morache, nous avons eu comme tués :

A Magenta. . . . . 12 p. 1 000
A Solférino. . . . . 13 —

« On peut donc dire que chaque année nos pêcheurs qui se rendent sur le banc de Terre-Neuve courent les mêmes risques que s'ils allaient livrer deux grandes batailles. Cette seule considération suffirait pour attirer toute notre sympathie sur ce groupe de marins qui, d'après la loi sur l'inscription maritime, représentent la réserve de notre armée de mer. »

Que fait-on pour ces travailleurs ?

Empruntons encore quelques données précises à ce sujet à l'intéressante brochure de M. le Dr Bonnafy :

« On sait que d'après les règlements de l'inscription maritime dus à Colbert, tous les marins, les pêcheurs comme les autres, constituant la réserve de notre armée de mer, sont sous la tutelle de notre marine de guerre.

« Il est donc naturel que la marine, qui, du reste, a droit de police sur tous les inscrits, se soit préoccupée, par de sages réglementations, d'améliorer leur situation en mer. C'est ainsi que nous voyons une ordonnance royale du 4 août 1819 imposer un coffre à médicaments à tout navire du commerce, avec l'obligation d'avoir un chirurgien à bord dès que l'équipage dépassait quarante hommes.

« Il en résultait qu'un certain nombre de bateaux de pêche avaient à bord un médecin (docteur ou plus souvent officier de santé).

« C'est contre cette obligation que les armateurs ne cessèrent de lutter. Comme un médecin ne peut pas se fractionner, les armateurs obtinrent au moins, en 1859, qu'un étudiant possédant huit inscriptions pourrait être embarqué comme médecin.

« Enfin, en 1864, un décret du 17 septembre établit que tout navire du commerce n'aurait l'obligation d'embarquer un médecin que quand son effectif atteindrait cent hommes.

« Naturellement à partir de cette date on ne vit plus de médecin sur les lieux de pêche.

« Les choses marchèrent ainsi jusqu'en 1892. Mais, à partir de ce moment, nous devons signaler les progrès incessants qui ont été faits au point de vue de l'assistance à nos pêcheurs, tant de la part de la marine que de la part de l'initiative privée.

« En somme, l'assistance nécessaire aux pêcheurs se compose de trois termes :

« 1° Leur délivrer un coffre à médicaments avec une instruction médicale écrite permettant aux capitaines de donner à leurs hommes des secours urgents ;

« 2° Faire aux capitaines, avant le départ, la démonstration de leur coffre et leur apprendre pratiquement comment on fait un pansement, comment on ramène à la vie un noyé, etc. ;

« 3° Porter sur les lieux mêmes de pêche les secours médicaux.

« Voyons comment ces différents *desiderata* ont été remplis : En 1893, la marine a imposé aux armateurs pour les pêcheurs de Terre-Neuve et d'Islande un coffre de médicaments longuement et sagement étudié. A ce coffre est jointe une instruction médicale, que les marins désignent généralement sous le nom de *médecin de papier*.

« Voici comment les dispositions prises sur ce point sont appréciées à l'étranger. Dans une revue allemande[1], nous trouvons une traduction du document français accompagnée de cette appréciation :

« Il serait désirable qu'une commission, composée de pêcheurs expéri-
« mentés, de capitaines et de médecins, réglât cette question des secours
« médicaux à bord des bateaux allemands ; les instructions françaises pour-
« raient servir de modèle. »

« Quant à la démonstration du coffre à médicaments aux capitaines avant leur départ, la marine, en 1896, a fait donner par un médecin de marine des conférences dans les principaux ports d'armement. Elle a montré ainsi ce qu'il convenait de faire, et, depuis ce moment, l'initiative privée a pris charge de ces conférences.

« Nous arrivons ainsi au dernier terme du problème à résoudre,

---

[1] *Communications de l'union des Pêcheurs de mer allemands* (Wittheilungen des deutschen See-fischereivereins), numéro d'avril 1895, page 91.

à savoir les secours mis à la portée des pêcheurs sur les lieux de pêche même. »

L'honneur de cette solution revient à la société des *Œuvres de mer*, dont il nous reste à parler.

On a pu voir, par les détails qui précèdent, comment nos pêcheurs qui vont durement gagner leur vie en pêchant la morue sur les bancs de Terre-Neuve, souffrent toutes les misères matérielles en se livrant aux travaux les plus pénibles, n'ayant pour abri à bord qu'un poste étroit, presque privé d'air ; c'est là qu'ils prennent leurs repas, peu variés et peu confortables, là qu'ils dorment sur la dure sans jamais se déshabiller ; ils y souffrent et y meurent parfois, sans avoir pu, la plupart du temps, recevoir le moindre secours.

Ces pêcheurs sont-ils mieux partagés au point de vue de leurs intérêts moraux, non moins importants que leurs intérêts matériels ?

Hélas ! non. Soit que le mauvais temps les tienne enfermés dans leur soute étroite et nauséabonde, soit que, par le beau temps, leurs loisirs leur permettent de prendre quelque repos sur le pont, ils n'ont, dans leur isolement du monde entier, d'autre distraction que de fumer, boire et se raconter des histoires sur des sujets dont il vaut mieux ne pas parler. A ces hommes privés pendant six mois consécutifs des joies saines de la famille, on n'avait jamais songé à procurer, au milieu d'un si cruel isolement, ni les secours du médecin, ni les conseils d'un homme éclairé pour former leur jugement, ni les exhortations du prêtre pour guider leur conscience, les consoler dans la maladie, et les assister quand la mort, trop fréquente sur les lieux de pêche, vient les arracher brusquement à leur vie de misères.

Malgré les louables efforts des armateurs, malgré les mesures prises par l'administration de la Marine, on n'avait pu, jusqu'en ces dernières années, améliorer une situation dont les difficultés semblaient en quelque sorte fatales, inévitables, inhérentes à ce pénible métier.

Cependant les œuvres chrétiennes se sont multipliées en faveur des ouvriers adonnés aux industries à terre ; pourquoi, pendant si longtemps, ne se sont-elles pour ainsi dire jamais étendues, en France, au monde de la mer, à ces braves gens si bien disposés à les accueillir ?

L'exemple d'une nation étrangère était là pourtant pour montrer qu'on pouvait réaliser quelque chose dans ce but. Les pêcheurs anglais étaient jadis peut-être encore plus abandonnés que les nôtres. Des personnes animées des plus hauts sentiments de charité ont eu la pensée, il y a près de vingt ans, d'envoyer parmi eux, dans la flottille de la mer du Nord, des bateaux de secours, navires missionnaires et bientôt hôpitaux tout ensemble. Les résultats ont été admirables et l'amélioration du sort des équipages prompte et consolante. La *Mission to the deep sea Fishermen* s'est rapidement développée, grâce aux contributions volontaires de toute l'Angleterre. Ses navires se sont multipliés et ont élargi leur rayon d'action; on les rencontre aujourd'hui dans la mer du Nord, dans la mer d'Irlande, en Islande, sur les côtes du Labrador. La Société ne s'est pas bornée aux secours à donner aux marins en mer, elle les suit à terre, où elle leur offre des maisons de refuge; ses *Sailor's homes* existent aujourd'hui sur tous les points du globe; nos ports français eux-mêmes ont vu s'ouvrir bon nombre de ces établissements.

La France ne pouvait-elle faire pour ses enfants ce que ses voisins font pour leurs compatriotes? Une nation catholique pouvait-elle se laisser distancer, sur le terrain de la générosité, par une nation protestante? En dehors de la charité et du patriotisme, d'ailleurs, la stricte humanité et les intérêts mêmes du commerce ne permettaient plus de s'abstenir.

C'est de cette pensée qu'est née, en 1895, la Société des Œuvres de mer [1], qui, avec les ressources que lui crée la générosité publique, porte à nos marins des grandes pêches l'assistance religieuse, morale et médicale dont ils étaient privés.

Chaque année, un de ses navires-hôpitaux va croiser durant la saison de pêche sur les bancs de Terre-Neuve; là, il communique avec les pêcheurs, et tandis que l'aumônier leur porte la bonne parole et leur montre dans leur isolement qu'ils ne sont plus oubliés par leur pays, le médecin donne les consultations utiles aux malades et aux blessés, toujours trop nombreux. Quand un de ces malades est trop gravement atteint, il est recueilli dans

---

[1] Le siège de cette société charitable est à Paris, 18, rue de la Trémoïlle.

l'infirmerie du navire-hôpital; il y trouve tous les soins et tout le bien-être que l'on peut obtenir dans les conditions spéciales de la navigation.

Quand tous les lits sont remplis, le navire regagne Saint-Pierre et Miquelon et dépose ses malades à l'hôpital de la colonie. Fréquemment, leur court séjour à bord en a fait des convalescents, et alors le navire de

Un navire-hôpital des « Œuvres de mer » : le *Saint-François-d'Assise*.

l'Œuvre les reconduit à bord de leurs bâtiments, qui, éloignés souvent de plus de quatre cent cinquante kilomètres de la colonie, n'interrompent pas volontiers leur pêche pendant plusieurs jours pour porter un malade à terre et l'y reprendre.

Toujours croisant sur les lieux de pêche, les navires-hôpitaux ont souvent l'occasion d'y recueillir des naufragés, des équipages de doris égarés par la brume ou par le mauvais temps; c'est l'un des grands dangers de la pêche à Terre-Neuve. En 1898, *cent soixante-douze hommes* ont ainsi disparu, et pour tous la mort par la faim, par la soif, par le froid, a été certainement accompagnée des plus atroces souffrances.

Mais le navire-hôpital remplit une autre mission, qui touche le cœur de nos çhers marins, si durs à eux-mêmes, mais si pleins d'amour pour leur pays et pour leurs familles. Il fait le service de courrier sur les lieux de pêche ; il y porte les nouvelles du pays par les journaux, et, ce qui est singulièrement plus apprécié, les lettres des familles ; il prend aussi les réponses des pêcheurs. Ce lien rétabli entre ces rudes hommes de mer et leurs parents ou amis restés en France a l'influence réconfortante la plus heureuse. Il faut, pour comprendre tout le prix du service ainsi rendu, savoir que nombre de navires, partis de France pour le banc, ne le quittent pour revenir en France que sept mois après ; avant la création des Œuvres de mer, pendant tout ce temps, en général, ils ne recevaient aucune nouvelle du pays. Aujourd'hui, les lettres des mères, des femmes, des enfants, leur arrivent plusieurs fois au cours de la campagne ; ils peuvent eux-mêmes écrire à leurs familles et les rassurer sur leur sort.

Le port de Saint-Pierre, malgré son peu d'importance, est celui du monde qui voit sur ses quais le plus de marins français. Outre le va-et-vient continuel pendant la saison de pêche, il reçoit au printemps et à l'automne cinq mille hommes formant les équipages de la flotte locale. Au milieu de la campagne, bon nombre de navires viennent s'y ravitailler : d'où une nouvelle affluence.

Ces pêcheurs, désœuvrés à terre, cherchent des distractions, deviennent les clients assidus des cabarets, et l'alcoolisme y sévit avec toutes ses conséquences horribles : accidents, rixes, meurtres quelquefois.

Pour combattre ce fléau, les Œuvres de mer ont fondé une maison de famille à Saint-Pierre, ouverte à tous. On y trouve des journaux, de bons livres, des jeux variés ; on peut y fumer sans abus. Le papier et les plumes sont fournis à tous ceux qui le désirent ; et, ce qui est plus, la charité des directeurs les porte à se faire les secrétaires des illettrés ; tâche énorme, puisque, à chaque courrier, ce service est réclamé par des centaines de correspondants ne sachant ni écrire, ni dicter.

Il convient de mentionner que, chaque année, une petite division navale est expédiée de France à Terre-Neuve pour la surveillance de nos pêcheries. Sa tâche est, en général, peu compliquée. S'enquérir des besoins des pêcheurs, leur prêter quelques ouvriers à l'occasion, prendre note de leurs réclamations, soigner leurs malades, et, sur le French Shore, arranger leurs différends avec les familles anglaises vivant sur les lieux, tel est le fond du programme.

« Le service de la poste, dit à ce propos M. Ed. du Hailly, ne laissait pas aussi de nous occuper lorsqu'il fallait, par exemple, et le cas était fréquent, arriver jusqu'à découvrir le destinataire de quelque lettre adressée comme suit : *A Monsieur Yvon Nédellec, matelot à bord du navire commandé par le capitaine Morin, défilant dans le golfe.*

La division de Terre-Neuve doit aussi veiller à l'observation des règlements maritimes relatifs à la sécurité et à la santé des pêcheurs.

Il serait injuste de méconnaître que, — s'il existe encore, parmi les navires « banquiers » armés dans nos ports métropolitains, quelques anciens types offrant le pénible spectacle de saleté repoussante que nous avons décrit au début de ce chapitre, — il y en a beaucoup moins que par le passé. Des réformes ont été accomplies à cet égard ; et il est équitable de les enregistrer à l'actif de nos armateurs.

Nos marins pêcheurs sont les premiers à le reconnaître.

« Il fait bon naviguer maintenant, » disent-ils.

Ce qu'on devrait exiger aujourd'hui, c'est que les bâtiments, au retour, fussent complètement désinfectés. Quand la *F...*, en 1901, rallia Saint-Malo, on ne remarqua rien de particulier à bord. La Santé délivra sa patente sans plus d'examen. Mais, huit jours après, cinq ou six hommes du navire, chez lesquels couvait la fièvre typhoïde, moururent.

Un autre point mériterait d'attirer l'attention des pouvoirs publics : si l'armement métropolitain, sous le rapport de l'hygiène et du confort, est en progrès suivi depuis cinq ou six ans, la même amélioration a-t-elle été constatée dans l'armement colonial ?

Il est difficile de répondre affirmativement. A Saint-Pierre, on s'en tient au *statu quo*, qui laisse extrêmement à désirer. Or, il ne faut pas oublier que le tiers au moins des hommes de la grande pêche est embarqué à bord des goélettes saint-pierraises.

Le tableau fidèle que nous venons de tracer de l'existence de nos pêcheurs à Terre-Neuve permet de se rendre compte de ce qu'a coûté en peines, en fatigues, en dangers, en vies humaines, le plat de morue servi sur nos tables aux jours de carême.

Le métier de pêcheur du banc, notamment, est certainement l'un des plus rudes que l'on connaisse. Est-il du moins suffisamment rémunérateur ? Les armateurs estiment qu'il le serait sans l'imprévoyance du marin. En effet, sans entrer dans les détails, un pêcheur peut, paraît-il, avec une pêche ordinaire, se faire de sept à huit cents francs dans sa saison. Or, outre ses salaires, il est nourri par l'armement.

Une intéressante brochure, publiée à l'occasion de l'Exposition universelle de Paris de 1900, par M. Maurice Capron, chef du service judiciaire des îles Saint-Pierre et Miquelon, au sujet de cette dernière colonie, donne en ce qui concerne le côté commercial des pêcheries de Terre-Neuve d'utiles renseignements que nous croyons devoir reproduire ici pour compléter cette étude.

La morue de Terre-Neuve, dit-il en substance, est, sans contredit, celle qui fournit à la consommation universelle la plus large part. Dans le nord de la France jusqu'à Paris, la morue d'Islande a la suprématie, mais en Bretagne et dans le Midi, la morue de Terre-Neuve a toutes les préférences.

Les traités de commerce avec l'Espagne et l'Italie ont été très favorables aux expéditions de morues. Par Alicante d'un côté, par Gênes et par Livourne de l'autre, nous fournissons aux Espagnols et aux Italiens une denrée de conserve très appréciée, tant par sa bonne préparation que par le mode d'emballage approprié aux goûts de la clientèle.

Dans le Levant, c'est aussi la morue de Terre-Neuve qui est la plus répandue.

A raison de leur proximité des îles Saint-Pierre et Miquelon, les États-Unis constituent un marché tout indiqué. Il est vrai que les acheteurs américains ne veulent que de la morue de premier choix, et qu'ils indiquent les quantités dont ils ont besoin. La morue leur est expédiée en fûts et réexportée de là dans les Antilles anglaises et dans les colonies espagnoles.

Les Antilles françaises, — la Guadeloupe et la Martinique, — sont un débouché important, la population créole de ces îles mangeant de la morue presque à chaque repas. Depuis l'adoption du tarif général des douanes, il existe un droit prohibitif sur les morues provenant de l'étranger. La morue française a donc seule accès dans nos possessions des Antilles.

Une question intéressante, qui s'élève au début de chaque campagne, consiste à savoir à quel prix se vendra la morue. Elle est souvent achetée avant d'avoir été pêchée. Les transactions entre vendeurs et acheteurs portent sur des chargements entiers, et le cours se fait habituellement à Bordeaux, qui est le grand marché des produits de la pêche de Terre-Neuve.

Les prix varient, d'une année à l'autre, entre douze et vingt francs le quintal. Il ne s'agit pas ici du quintal *métrique* de cent kilogrammes, mais d'un demi-quintal conventionnel, dont le poids est de cinquante-cinq kilogrammes pour la morue verte et de cinquante kilogrammes pour la morue sèche.

Les oscillations du prix de la morue dépendent de plusieurs facteurs.

Si l'hiver est rigoureux, les légumes étant tardifs et rares, on mangera plus de morue. Au contraire, à la suite d'un hiver doux et humide, les productions de la terre arrivant de bonne heure et en abondance sur le marché, la morue sera moins demandée, si bien que, lorsque la nouvelle campagne s'ouvrira, il y aura des stocks non écoulés et les prix d'achat proposés seront moins élevés.

Il faut aussi faire entrer en ligne de compte la spéculation. Les acheteurs de morues obéissent à des prévisions qui peuvent se trouver déjouées par les événements, et leurs opérations sont, par cela même, extrêmement aléatoires. Ils ont bien vite fait de gagner ou de perdre un ou deux francs par quintal, et comme l'opération peut porter sur cent mille quintaux, on voit tout de suite l'importance du gain qu'ils peuvent réaliser ou de la perte à laquelle ils s'exposent.

A Saint-Pierre, les armateurs sont presque tous vendeurs de morues. On les appelle des « producteurs ». S'il y a des années où la morue s'est vendue vingt francs le quintal, il y a eu d'autres années où le prix n'a été que de douze francs. Comme l'avenir d'une campagne dépend d'un prix plus ou moins rémunérateur, on comprendra immédiatement tout l'intérêt de cette question du prix auquel sera payée la morue. Il n'en est pas de plus importante pour la colonie.

L'industrie de la pêche de la morue est primée par le gouvernement français, et c'est même là l'une des principales causes qui la rendent aussi florissante.

Dix francs de prime sont accordés par quintal de cinquante kilogrammes de morues sèches expédiées de Saint-Pierre à destination des colonies françaises ou des pays étrangers.

La morue verte, expédiée de Saint-Pierre sur un port de France, n'est pas primée; mais si elle est séchée en France et réexportée à l'étranger, il lui est alloué une prime de huit francs par quintal de cinquante kilogrammes.

Indépendamment des primes sur les produits de la pêche, il y a les primes d'armement. On alloue cinquante francs par homme d'équipage, quand le navire est armé avec sécherie, et trente francs par homme quand le navire est armé avec salaison.

Ces allocations se justifient en ce sens que, n'ayant pas les avantages des Terre-Neuviens qui pêchent pour ainsi dire sur place, les armateurs français sont obligés de faire venir de la métropole des pêcheurs, dont les frais de déplacement sont élevés. En outre, on a toujours considéré la navigation en vue de la pêche de la morue comme propre à former des marins habiles et pleins d'endurance.

La valeur de ces arguments est si bien reconnue que, depuis 1816, les lois sur les primes ont été constamment renouvelées.

Une autre face de la question des pêcheries de Terre-Neuve, et non la moins importante, a été exposée comme suit par M. Fr. Schrader, dans l'article que nous avons déjà cité :

« Nous éprouvons quelque difficulté, en France, à nous rendre compte de l'importance de nos industries maritimes. Tandis que nos voisins d'outre-Manche considèrent la mer comme leur champ naturel de travail et leur grande source de richesse, nous, qui sommes cependant aussi marins qu'eux,

— et qui l'avons même été davantage pendant bien des siècles, — nous considérons trop volontiers comme d'importance secondaire ce qui se passe en dehors de nos limites terrestres.

« Ce point de vue, — qui nous a fait perdre l'empire du monde, — provient-il de la situation trop intérieure de notre capitale ou des habitudes sédentaires d'une partie de notre population ? Dans tous les cas, il est contraire à notre vieux génie traditionnel, et nous devons considérer les choses de la mer comme nécessairement liées à notre existence nationale.

« L'Angleterre est une île, soit; mais la France est un isthme, ouvert d'un côté sur l'ancien monde, de l'autre sur le nouveau. Tout abandon d'un rivage français, tout affaiblissement d'une industrie maritime française est un malheur irréparable.

« Nous avons vu lancer par une certaine presse des ballons d'essai tendant à nous faire accepter l'idée d'une compensation pour l'abandon du French Shore. On allait jusqu'à parler de la Gambie, jusqu'à nous offrir le centième ou le millième de ce qu'on nous demandait. De pareilles propositions sont tout simplement ridicules. Tout ce qui porterait atteinte à la pêche de Terre-Neuve atteindrait la France aussi directement, aussi irrémédiablement que la perte d'une de ses plus grandes villes. Et nous allons l'établir avec chiffres à l'appui.

« Les circonstances nous ont mis en rapport avec les armateurs et les pêcheurs de Fécamp. Nous avons cherché à nous faire une expérience de la leur, et voici ce que nous en avons rapporté :

« Fécamp, que nous prenons comme type d'une ville de grande pêche, armait, vers 1875, environ 20 terre-neuviers de 300 tonnes. Il en arme aujourd'hui une cinquantaine, de 450 à 500 tonnes. Chacun de ces navires est monté par 25 ou 30 hommes, tous marins intrépides, rompus aux fatigues et aux dangers. C'est donc, pour Fécamp seulement, une population de 1500 marins environ. Ces 50 navires partent chargés de sel extrait des salines de l'Océan et de la Méditerranée; plusieurs centaines de travailleurs sont occupés à fabriquer ces 20000 tonnes de sel. La construction des navires, la préparation des gréements, des vivres, des ustensiles de pêche, occupent encore des centaines d'ouvriers.

« Une partie de la morue est séchée sur la côte, et fournit du travail à plusieurs milliers d'hommes. La campagne finie, on repart pour Bordeaux, où l'on va livrer la cargaison, 100000 ou 125000 morues par navire, qui y subiront la dernière préparation et donneront à vivre encore à de nombreux travailleurs avant d'être livrées au commerce.

« On peut donc, sans crainte d'exagération, estimer qu'à côté des 1500 marins, qui chaque année quittent Fécamp pour Terre-Neuve, la pêche fait vivre un nombre égal de travailleurs, presque tous chefs de famille. En estimant à quatre seulement le nombre des membres de chaque famille, on voit à quel chiffre nous arrivons pour une seule ville.

« Or, on compte à peu près 20000 marins français occupés à la pêche de la morue ; 20000 marins qui fournissent du travail à autant d'auxiliaires. Exagérons-nous en disant que 150 à 200000 Français, et parmi ceux-là nos plus solides marins, vivent exclusivement du produit de la pêche de la morue? C'est donc 1 Français sur 200 qui demande à cette industrie ses moyens d'existence. »

On ne saurait mieux démontrer l'importance, — malheureusement trop peu connue, — de l'industrie des pêcheurs de haute mer.

VIII

QUELQUES QUESTIONS SCIENTIFIQUES RELATIVES A LA PÈCHE DE TERRE-NEUVE

Le thermomètre plongeur. — Température des eaux où l'on trouve la morue. — Les détritus des pêcheries et leur influence sur la pêche de la sardine. — L'élevage artificiel de la morue.

Les Anglais et les Américains faisaient déjà depuis quelque temps usage, dans les parages de Terre-Neuve, d'un thermomètre plongeur qui leur indiquait les eaux profondes où ils avaient le plus de chance de tendre leurs lignes avec profit, lorsque M. Feillet, alors gouverneur des îles Saint-Pierre et Miquelon, suggéra à la Chambre de commerce de la colonie l'idée de tenter des expériences dans le même sens, afin de rechercher dans quelle mesure le thermomètre plongeur pourrait également rendre service à nos navires banquiers.

Cinq thermomètres, du système Negretti-Zamlexa, furent remis à cinq patrons. Deux de ceux-ci rapportèrent d'intéressantes séries d'observations, et, ce qui avait plus de valeur encore, la conviction bien arrêtée qu'il y avait de grands avantages à retirer de l'emploi du thermomètre plongeur.

Un fait semble acquis dès à présent : l'extrême variabilité des températures de fond sur le banc. Que cette variabilité soit due à des courants changeants ou à toute autre cause, elle n'en est pas moins réelle. D'autre part, tout indique qu'il existe une certaine corrélation entre la température et la présence du poisson. Certes, la température n'est peut-être pas le seul

8

facteur qui détermine la rareté ou l'abondance de la morue ; mais il semble bien que l'on puisse dès maintenant affirmer que l'on aura toujours peu de chance de rencontrer ce poisson dans des eaux d'une température inférieure à 6 ou 7 degrés.

Autre question des plus intéressantes.

La quantité de matières animales qui se perd annuellement dans les pêcheries des parages de Terre-Neuve est d'environ cent vingt mille tonnes. Or, le professeur Way a indiqué qu'il serait possible d'en faire un engrais excellent.

D'après M. Nielsen, surintendant des pêches de Terre-Neuve, on jette, paraît-il, d'immenses quantités de poisson non vendu dans les baies que le hareng fréquente, au risque d'écarter ce poisson d'une grande partie de la côte, où l'eau est corrompue par cette épaisse couche de débris putréfiés. C'est, de la part des pêcheurs, une dangereuse négligence.

Toutefois, il y a un autre aspect de la question de ces détritus des pêcheries de Terre-Neuve, aussi curieux qu'inattendu et qui est du plus grand intérêt.

Un observateur sagace, M. Launette, a reconnu que les sardines sont attirées et retenues par les détritus animaux provenant de la préparation des morues de Terre-Neuve, et que la pêche des sardines sur les côtes de France est abondante ou maigre suivant que les vents poussent ces détritus vers l'est ou les retiennent vers l'ouest.

M. Launette a développé, dans une note communiquée à l'Académie des sciences de Paris, de multiples preuves historiques à l'appui de cette opinion.

Il est tout d'abord avéré que, avant l'installation des grandes pêcheries de morues de Terre-Neuve, la sardine était inconnue sur les côtes de l'Océan Atlantique ; on ne la rencontrait que dans la mer Méditerranée.

En second lieu, les grandes guerres de la République et de l'Empire ayant interrompu momentanément la pêche de la morue, celle de la sardine fut complètement nulle pendant les années qui suivirent la paix de 1815; les sardines avaient désappris le chemin de nos côtes.

Autre preuve. Pendant les années 1878 et 1879, les vents dominants furent d'ouest-sud-ouest et de sud-ouest : la pêche sur nos côtes produisit un milliard neuf cents millions de sardines. Au contraire, en 1880 et 1881, les vents ayant été de sud-sud-ouest, la pêche tomba respectivement à six cent vingt-huit et trois cent soixante-treize millions. En 1884 et 1885, les vents régnants ayant retenu loin de nos côtes les détritus provenant de Terre-Neuve, les résultats de la pêche furent au moins aussi désastreux.

On sait d'ailleurs que très souvent, avant que nos pêcheurs n'aperçoivent les bancs de sardines, la présence de ce poisson leur est révélée par un phénomène particulier qu'ils désignaient sous le nom de *lardin* ou *grasseur*. La mer offre un aspect gras et huileux. Elle répand en même temps une odeur fade bien connue des pêcheurs. On ne peut méconnaitre, à ces caractères, la présence des débris de morue transformés chimiquement par leur long séjour dans les flots.

Nous avons vu quelle est la prodigieuse fécondité de la morue. Elle ne suffit cependant plus, paraît-il, à réparer les vides produits par la pêche.

Voici, en effet, comment raisonnent les pêcheurs.

Les prises de morues dans les baies de l'île de Terre-Neuve et sur les bancs ne sont pas plus importantes qu'il y a cinquante ans, bien que le nombre des pêcheurs ait presque doublé et que les engins de pêche soient considérablement plus parfaits. Il y a donc lieu de croire que les bancs s'appauvrissent parce que l'éclosion des œufs, quoique les morues en déposent des centaines de millions dans la mer, ne s'effectue que dans des proportions infimes. On estime même qu'un million d'œufs ne produit qu'une seule morue atteignant son complet développement.

Est-il possible de remédier artificiellement à cette diminution ?

On l'a tout d'abord pensé aux États-Unis, où, d'après la *Revue des sciences naturelles appliquées*, des essais d'élevage artificiel de la morue et de réempoissonnement de la mer furent tentés, dès 1887, le long des côtes de l'État de Massachusets, par la Commission des pêcheries, et donnèrent des résultats satisfaisants.

En 1889, les pêcheurs virent un très grand nombre de petites morues sur des bancs, provenant sans doute des essais de culture, et, en 1890, on captura environ quatre millions de livres de ces poissons, d'une valeur de cent quatorze mille dollars. Dans ce nombre ne sont comptés que les animaux ayant atteint la taille exigée pour le commerce.

C'est là une démonstration en faveur de l'utilité de l'élevage artificiel de la morue, et les pêcheurs, qui se montraient tout d'abord fort incrédules à l'endroit des expériences instituées à cet effet, en ce qui concerne le poisson de mer, s'avouent convaincus, — d'ailleurs à leur très grande satisfaction.

Ces excellents résultats ayant été connus, on a cherché à Terre-Neuve à développer l'éclosion artificielle. Un laboratoire d'éclosion a été installé dans l'île Dildo (baie de la Trinité), sur les indications d'un savant norvégien, M. Nielsen, chef du bureau de pisciculture. On peut faire éclore, à Dildo, deux cent soixante à trois cents millions de jeunes morues par an. La durée de l'éclosion est de vingt jours.

Une première expérience a été faite en 1890. On a fait éclore dix-sept millions de morues qui ont été, pour ainsi dire, semées dans la baie. La seconde saison a produit quarante millions de sujets; celle de 1892 en a fourni cent soixante-cinq millions; celle de 1893, deux cents millions, etc.

En 1894, l'établissement a commencé à distribuer des élèves hors de la baie de la Trinité : vingt millions à Bloody-Beach, dans la baie de Bonavista; vingt millions dans la baie Conception; dix-huit millions dans l'anse Goore (baie de Bonavista).

L'établissement de Dildo a produit aussi des millions de homards.

Les pêcheurs, témoins des résultats de cette culture artificielle, en apprécient les services et la secondent de leur mieux.

Il y a là une certaine garantie contre l'appauvrissement futur des bancs et contre la possibilité d'un amoindrissement des richesses que les habitants de Terre-Neuve et des îles Saint-Pierre et Miquelon, ainsi que les pêcheurs venus d'Amérique, d'Angleterre et de France, retirent de l'exploitation des pêcheries dans ces parages.

DEUXIÈME PARTIE

NOS PÊCHEURS EN ISLANDE

————

I

L'ISLANDE

Configuration de l'Islande. — Ses volcans. — Ses geysers. — Sa végétation. — Sa faune. — Les Islandais,
origine, histoire, organisation politique. — Industries et mœurs des Islandais.

Nous avons dit, en esquissant l'histoire de la pêche de la morue, que cette industrie avait débuté en Europe dès avant le ix° siècle, et qu'elle était alors pratiquée principalement dans les parages de l'Islande.

Depuis lors, et quoique les régions de Terre-Neuve aient attiré un nombre encore plus considérable de pêcheurs, la pêche a continué à s'exercer avec profit dans les mers d'Islande, et nos marins y prennent une part active, dont nous allons maintenant décrire les diverses phases.

Nous donnerons d'abord une rapide description du théâtre de cette pêche, et nous ferons connaître, en quelques lignes, cette lointaine île d'Islande, afin que l'on puisse mieux se rendre compte des conditions au milieu desquelles y opèrent nos pêcheurs.

L'Islande est une grande île de l'Atlantique-Nord, qui gît entre 63°24' et 66°30' de latitude septentrionale et entre 15°40' et 26°50' de longitude occidentale. Elle se trouve à neuf cents kilomètres à l'ouest de la côte nor-

végienne et seulement à deux cent vingt-cinq kilomètres au sud-est de la
côte du Groënland. En conséquence, au point de vue géographique, elle se
rattacherait plutôt à l'Amérique septentrionale qu'à l'Europe.

C'est d'ailleurs ce que confirment sa constitution géologique et sa flore
fossile.

« L'Islande, dit M. Charles Rabot [1], est uniquement constituée par des
roches appartenant à la série éruptive moderne.

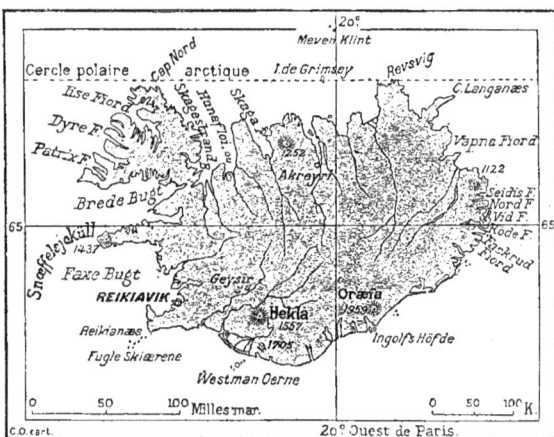

Mers d'Islande.

« Les basaltes forment le *substratum* de l'île ; leur puissance sur plusieurs points doit atteindre trois mille mètres. Ces énormes épanchements,
principalement dans la presqu'île du nord-ouest, datent de deux époques
différentes. En diverses localités, au milieu des basaltes, sont, en effet,
incluses des couches d'argile renfermant des empreintes végétales et des
troncs d'arbres silicifiés (*surturbrand*). Les émissions basaltiques ont donc
été interrompues par une période de repos durant laquelle s'est développée
une végétation luxuriante. D'autre part, sur plusieurs falaises, M. Thoroddsen
a cru observer une discordance de stratification entre les deux nappes
basaltiques. Partout les couches de *surturbrand* reposent sur des basaltes, et

[1] Le *Tour du monde*, nouvelles géographiques, 7 juillet 1894.

les empreintes végétales qu'elles contiennent appartiennent à la flore miocène ; le premier épanchement doit donc remonter au moins au milieu des temps tertiaires.

« Le faciès américain très marqué de la flore fossile islandaise autorise à penser qu'à l'époque miocène, l'Islande était reliée à l'Amérique par une langue de terre et jointe à l'Europe par un isthme. Après le dépôt de ces lignites, les phénomènes volcanique ont repris, recouvrant les couches sédimentaires d'une nappe épaisse et les traversant de filons.

« Avant la grande extension des glaciers, l'Islande avait à peu près sa forme et son relief actuels.

« Pendant le quaternaire, l'Islande a été entièrement recouverte par une puissante calotte de glace, au-dessus de laquelle n'émergeaient que de rares pointements rocheux.

« A la fin de la période glaciaire, un changement se produisit dans les niveaux respectifs de la terre et de la mer, et les eaux envahirent plusieurs régions de la zone littorale.

« Les dépôts marins post-glaciaires couvrent la quinzième partie de l'Islande. »

Telle qu'elle est actuellement, l'Islande, d'une forme très irrégulière, possède une superficie de cent quatre mille sept cent quatre-vingt-cinq kilomètres carrés.

Depuis les temps historiques, le paroxysme volcanique a continué à s'y manifester avec une intensité extrême. Bien loin d'être limité à l'Hékla, comme on le croit trop souvent, l'activité du feu souterrain s'exerce sur une grande étendue de l'île.

D'après M. Thoroddsen, les volcans islandais sont répartis en neuf groupes. Ce sont :

1° Le Snoeffellsnaess.

2° Le massif de l'Hékla.

3° Le Reykjanaes.

4° Le Katla.

5° Le groupe du Varmardalr.

6° Le massif volcanique situé à la lisière méridionale du Vatnajokull.

7° Le massif de l'Odadahram.

8° Le groupe du Myvatn.

9° Le groupe du Reykjaheidi.

A part les trois derniers massifs, tous sont situés sur la côte méridionale.

Aussi l'Islande, — en raison des bouleversements et des commotions volcaniques dont, à différentes époques, elle a été le théâtre, — n'est-elle à proprement parler qu'une réunion, un bouquet de montagnes, dont le sommet est toujours couvert de neige, quoique le feu couve dans leurs flancs.

Ces montagnes ne forment pas des chaînes continues. La partie centrale de l'île, très peu connue, est traversée, principalement dans la direction de l'est à l'ouest, par des massifs dont les ramifications dessinent sur les côtes du nord, de l'est et de l'ouest, des *fjords* (baies très anguleuses) analogues à ceux qui caractérisent la côte norvégienne.

Le point culminant de ces montagnes est l'Oraefa-Jokull, dont l'explorateur anglais Frédérick W.-W. Howell a fait, pour la première fois, l'ascension le 17 août 1891, et qui a mille neuf cent trente-cinq mètres d'altitude.

Ensuite viennent le Snoeffells-Jokull, qui a mille huit cent soixante-six mètres, et l'Hékla, qui n'en a que mille sept cent trente.

Le mot *Jokull,* ajouté au nom de la montagne, indique que celle-ci est recouverte de glaciers perpétuels.

L'Hékla est la plus célèbre de ces montagnes uniquement parce que, par suite de sa situation géographique, elle est la plus accessible. Ce cône volcanique se trouve au centre de plusieurs vallons autrefois habités, mais qui, depuis dépeuplés par les ravages des éruptions, sont encombrés de laves, de cendres et de scories. Ses flancs sont hérissés de sommités moins hautes, couronnées chacune par un cratère. Lorsque l'Hékla est en éruption, tous ces cratères rejettent des matières en fusion. Au sein de la région des neiges se trouve le cratère principal. Les autres sommets, dont la hauteur atteint de six cents à mille mètres, sont couverts de neige et de glaces éternelles. Presque tous portent des traces d'éruption.

L'Hékla a eu dix-huit éruptions, qui toutes ont occasionné de terribles ravages.

Le centre le plus actif, après l'Hékla, est le Katla, qui a eu douze éruptions, de l'an 900 à 1860.

Le Snoeffellsnaess est bien plus calme; il n'a vomi des laves qu'une seule fois, en 950.

Le groupe du Varmardalr, composé d'une centaine de cratères dispersés

Le Snoeffels-Jokull. — Glacier de 1500 mètres de haut, à l'entrée de la baie de Reikjavik.
(Photographie de M. le Dr Chastang.)

le long d'une chaîne de trente kilomètres, est celui qui, en 1783, a produit la plus violente éruption que les annales du globe aient jamais enregistrée. Ses laves et scories couvrirent une superficie de cinq cent soixante-cinq kilomètres carrés sur une épaisseur variant de cent cinquante-sept à cent quatre-vingt-huit mètres. Leur volume est évalué par Thoroddsen à environ quinze milliards de mètres cubes.

Outre les montagnes qui jettent du feu, l'Islande renferme une infinité de petits cônes, ou cratères, qui répandent autour d'eux des torrents de boue.

Les nombreuses sources thermales intermittentes appelées *geysers,* que renferme l'Islande, sont au nombre de ses principales curiosités. Les plus remarquables sont le *Grand-Geyser* et le *Strokker*. Entourées de plusieurs autres moins considérables, ces deux sources jaillissantes sont situées dans une vallée où l'on trouve des roches d'origine ignée. Ce sont deux gerbes de trois mètres de diamètre et de vingt-cinq à trente-cinq mètres de hauteur, qui s'élancent en bouillonnant à intervalles périodiques et alternativement une fois toutes les vingt-quatre heures. Cette eau, qui répand une faible odeur d'hydrogène sulfuré, est à peu près à la température de 100 degrés centigrades. Elle contient en dissolution une grande quantité de silice qu'elle dépose sur les bords de son bassin. Cette silice est d'abord gélatineuse; mais elle durcit promptement à l'air, et de pâle qu'elle était d'abord elle prend une teinte bleuâtre semblable à celle de certaines agates, en formant des concrétions qui affectent les figures les plus variées.

Les autres geysers que l'Islande renferme en grand nombre ne jaillissent guère qu'à la hauteur de deux mètres. Les Islandais y font souvent, aujourd'hui encore, cuire leurs aliments; mais ils ont soin de recouvrir le vase suspendu dans ces eaux fumantes, afin que l'odeur de l'hydrogène sulfuré n'y pénètre pas. Les sources moins chaudes servent pour les bains. On assure que les vaches qui boivent de ces eaux thermales donnent du lait avec une extraordinaire abondance.

La minéralogie de l'Islande n'est pas très variée, par le fait même qu'elle est entièrement volcanique. On remarque sur la côte ouest des colonnes et des grottes de basalte. Ce n'est que dans la partie orientale que l'on trouve ce calcaire transparent comme le cristal, connu sous le nom de *spath d'Islande*. Les montagnes centrales de l'île renferment du fer et du cuivre, du calcaire et du gypse. Le soufre abonde partout. Quelques laves contiennent du sel; mais il n'est pas exploité, les bords de la mer en fournissant assez pour la consommation des habitants.

Entre Budun et Stappen, il se forme actuellement un dépôt dû à l'action du fer sur les sables. Des bois flottés s'y trouvent engagés et présenteront un jour l'aspect de lignites.

Signalons à ce propos, pour ne plus avoir à y revenir, le fait remarquable de la quantité de bois que la mer apporte sur les côtes de l'Islande. Ils proviennent de l'ancien comme du nouveau continent, et ils doivent atteindre les mers glaciales dans un bon état de conservation. Mais avant d'arriver en Islande ils se sont engagés dans les glaces, et y ont été en quelque sorte rabotés, si bien qu'ils abordent sans branches, sans racines et sans écorce ; quelquefois des lambeaux de celle-ci se rencontrent roulés comme du parchemin.

Les « Eaux chaudes » à Reikjavik.

Parmi les bois ainsi échoués on remarque l'acajou, toujours percé par des tarets ; de gros troncs de pins, de sapins et d'autres arbres. Ces bois arrivent sur le cap Nord et sur le cap Langanaes en si grande abondance, que les Islandais renoncent à tout recueillir. Les plus grands troncs, qui sont poussés le long de ces deux promontoires vers les autres côtes, servent à la construction des bateaux.

C'est à des amas semblables de végétaux qu'il faut probablement attribuer, du moins en partie, les gisements de l'espèce de lignite que les Islandais nomment *surturbrand*. Ce substantif est composé de deux mots, dont l'un, *surtur,* signifie « dieu noir », le Pluton du Nord, et l'autre, *brand,* veut dire « tison ».

Surturbrand signifie donc étymologiquement : « tison du diable » ; ce nom indique une origine antérieure à l'époque de l'introduction du christianisme en Islande et démontre, en outre, que l'usage de ce combustible est depuis fort longtemps répandu dans l'île. On lui donne aussi le nom de *svarta torf* (tourbe noire). Ce combustible est un bois fossile légèrement carbonisé, qui brûle avec flamme.

En allant du cap Nord au mont Hékla, Robert et P. Gaimard [1] s'en-

Faskrudsfjord.

gagèrent dans l'intérieur de l'île, où la basœnite paraît, selon eux, occuper une grande étendue et former un plateau très élevé. C'est sur la limite méridionale de ce plateau, entre deux montagnes de même nature et sur la rive gauche d'un ravin roulant pêle-mêle des blocs de mimosite porphyrique et de mimosite à grain fin (cette dernière roche constitue les deux montagnes en question), — que se trouve un des principaux gisements de *surturbrand*. Son épaisseur est d'environ cinq mètres.

Le volume des bois qu'il renferme, dit en substance Robert, leur forme extérieure, le schiste à empreintes végétales, probablement marines, sur lequel il repose, toutes ces circonstances semblent indiquer que ce dépôt,

[1] *Voyage sur la corvette « la Recherche »*, Paris, 1835-1838.

bien que situé à une grande hauteur au-dessus du niveau de la mer et
presque dans l'intérieur de l'île, est le résultat d'une accumulation de bois

Cascade à Faskrudsfjord.

analogue à celles qui ont lieu encore actuellement sur les côtes. Dans les
temps très reculés où aucun habitant ne les recueillait, les bois flottés
devaient encombrer les baies de ce pays.

« Nous ferons en outre remarquer, ajoute Robert, que ces lignites se trouvent généralement dans la partie occidentale de l'Islande, et assez près des côtes où précisément viennent échouer la plus grande quantité de ces bois. »

Les baies et les ports naturels sont nombreux et sûrs; les plus fréquentés sont ceux de Reikjavik et de Faskrud. Les cours d'eau sont abondants et larges, mais leur rapidité torrentielle y rend la navigation impossible.

Le climat de l'Islande est très variable, mais moins froid que dans toute autre contrée située sous la même latitude.

La température moyenne de l'année est de + 4° centigrades. Normalement les températures extrêmes ordinaires sont — 15° et + 23°. La chaleur s'élève quelquefois à 31°, et dans les contrées où se dressent les volcans actifs, à 35°.

Le climat habituel serait donc suffisamment tempéré pour permettre la culture des céréales.

« Mais lorsque les glaces flottantes viennent à s'arrêter entre les promontoires septentrionaux de l'île, tout espoir de culture cesse pour une ou deux années; un froid effroyable se répand sur toute son étendue; les vents apportent des colonnes entières de particules glacées; toute la végétation s'éteint; la faim et le désespoir semblent s'asseoir sur ces montagnes, qu'échauffent en vain tous les feux des abîmes souterrains [1]. »

Les orages sont fréquents et terribles dans les montagnes.

D'ailleurs, cette nature sauvage et ce climat spécial donnent lieu à des scènes grandioses et à des tableaux émouvants, inconnus ailleurs [2].

Telles sont, outre les phénomènes que nous avons déjà décrits, ces cascades pittoresques qui descendent au fond des *fjords;* — l'apparition très fréquente des météores, dont l'aurore boréale est la plus remarquable.

---

[1] *Voyage sur la « Recherche ».*

[2] Dans son livre si intéressant et si littéraire *Le navire-église-hôpital,* M. l'abbé Giquello a tracé un tableau saisissant des paysages désolés et austères de l'Islande; nous renvoyons à ce livre nos lecteurs amis des scènes grandioses de la sauvage nature du Nord.

« A travers un air rempli de petites particules glacées, le soleil et la lune paraissent doubles ou prennent des formes extraordinaires ; l'aurore boréale se joue en mille reflets de couleurs diverses ; partout l'illusion du mirage crée des rivages et des mers imaginaires. »

Enfin pendant le solstice d'été, du sommet des montagnes de la côte septentrionale, on assiste au féerique spectacle du « soleil de minuit ».

Voici l'explication de ce phénomène.

Le soleil de minuit aux régions arctiques.
(Photographie de M. le Dr Chastang.)

A l'équateur, les jours et les nuits ont une durée égale et constante de douze heures. Mais, par suite de l'inclinaison sur l'écliptique de l'axe de rotation de la terre, à mesure que l'on s'élève en latitude, soit dans l'hémisphère boréal, soit dans l'hémisphère austral, cette égalité fait place à une inégalité de plus en plus accentuée, qui diminue ensuite en sens inverse, la nuit étant de plus en plus courte en été, et aboutit enfin aux six mois de jour et aux six mois de nuit des pôles.

Sous la latitude de Paris (48°50'), le 21 juin, jour du solstice d'été et le plus long de l'année, le soleil, astronomiquement parlant, devrait rester pendant quinze heures cinquante-huit minutes sur l'horizon. Mais la réfraction atmosphérique, — qui le relève au-dessus de l'horizon, à son lever et à son coucher, d'une hauteur égale à son diamètre, — le fait apparaître pendant seize heures sept minutes.

A Stockholm et à Saint-Pétersbourg, par 60° de latitude, le jour dure, le 21 juin, dix-huit heures trente minutes, et les crépuscules y tiennent lieu de nuit. A une fenêtre exposée au nord, on voit assez clair à minuit pour écrire.

Sans la réfraction atmosphérique, il faudrait aller jusqu'au cercle polaire, par 66°33' de latitude, pour voir, le jour du solstice d'été, le soleil au lieu de se coucher descendre obliquement en cercle jusqu'au nord, toucher à peine l'horizon et remonter vers l'est. Mais la réfraction relevant précisément l'astre de 33', il suffit de se rendre sur un point quelconque du 66°, à Tornéa, en Suède ou en Islande; et certes, l'intérêt que présente un pareil spectacle suffit amplement à justifier ce voyage.

Le disque rouge du soleil, que ses rayons affaiblis permettent de fixer du regard, reste tout entier, à minuit, au-dessus de l'horizon.

Une opinion accréditée en Islande est qu'à une époque, qui n'est pas très reculée, les saisons étaient dans cette île beaucoup moins rigoureuses qu'aujourd'hui. Les vallées méridionales se trouvaient abritées par de vastes forêts, qu'une mauvaise économie a dévastées, et l'on pouvait s'y livrer à des cultures que la rigueur du climat actuel ne permet plus de pratiquer.

Quoi qu'il en soit de cette opinion, — d'après la description que nous avons faite de son état actuel, on pourrait croire que l'Islande, cette terre volcanique, désolée et battue des vents, n'offre aux regards que des rochers nus, arides, stériles et dépourvus de toute végétation. Il n'en est rien : en ces parages où règnent le froid et la tempête, la vie n'est point éteinte, et si les formes végétales n'y revêtent pas cette richesse d'aspects, cette exubérance de types des zones plus chaudes, du moins y sont-elles assez nombreuses encore pour fournir ample moisson au botaniste. La liste des plantes d'Islande, dressée par le naturaliste Vahl, ne comprend pas moins de sept cent cinquante-sept espèces, dont quatre cent treize vasculaires et trois cent quarante-quatre cellulaires : un très grand nombre de ces espèces ont été retrouvées, lors du voyage de la *Recherche*, par M. Eugène Robert, botaniste de l'expédition ; et sans doute l'énumération est-elle incomplète, car les moyens d'investigation dont dispose la science actuelle l'enrichiraient, selon toute vraisemblance, d'un certain nombre de types microscopiques.

Bien que l'île n'ait pas, à proprement parler, de flore spéciale ; bien que les plantes qui y végètent se retrouvent ailleurs et soient pour une bonne part des espèces fréquentes sur le continent européen, cependant la végétation revêt, en son ensemble, un faciès particulier, résultant des conditions très dures au milieu desquelles elle se développe.

Laissant de côté les espèces qui représentent le fond de cette végétation et qui croissent çà et là, constituant le tapis sur lequel se détachent des formes plus intéressantes, nous ferons une rapide énumération des types méritant d'être signalés, en raison de leur résistance à des conditions qui, en d'autres régions, seraient pour eux un obstacle presque invincible.

Un seul conifère végète spontanément en Islande : c'est le *Juniperus nana,* hôte des accidents de terrain, des crevasses et des aspérités que présentent les coulées de lave. Les plantations de pins et de sapins qui ont été tentées n'ont donné aucun résultat positif. Les Amentacées sont représentées par une douzaine de *Salix,* qui se rencontrent en assez grande abondance depuis le fond des vallées jusqu'à une très grande altitude, au voisinage de la limite inférieure des neiges, et par trois espèces de bouleaux (*Betula*), dont le *Betula alba* et le *Betula nana* sont les plus fréquents. Ce serait une erreur, d'ailleurs, de penser que le bouleau blanc dresse là-bas, comme chez nous, ses fûts sveltes qui, en hiver, brillent sous les pâles rayons du soleil : c'est à peine si, dans sa luxuriante végétation, il forme des touffes basses, qui ne dépassent jamais six pieds de haut. Au milieu de semblables forêts, l'homme est un géant, et les animaux qu'il y chasse ne peuvent guère fuir son regard. Le plus souvent, le bouleau blanc rampe comme un serpent, quelquefois seul, quelquefois mêlé au bouleau nain, qui, en d'autres endroits, le supplante totalement.

Là où cette Amentacée ne trouve plus assez d'humus pour croître, les rochers se décorent des touffes rabougries de l'arbousier, de l'airelle, de

9

la bruyère commune, atteints, eux aussi, de nanisme. Parfois, dans cette association, le bouleau est toléré ; ailleurs, ce tapis végétal, propice à la marche des chevaux, disparaît pour faire place à un entrelacement de cordons de saules ; cela se rencontre surtout dans les landes qui sont fréquemment inondées et fournissent aux *salix* l'indispensable humidité dont ces arbustes sont si avides.

Dans le fond des vallées comme sur les pentes humides des montagnes, les couches tourbeuses abondent ; elles sont généralement couvertes de prêles nombreuses, appartenant à cinq ou six espèces : on sait que la tourbe constitue un excellent substratum pour ces plantes, vétérans du règne végétal, qui ont contribué à former leur sol nourricier par la décomposition accumulée d'innombrables générations. En Islande, elles sont semblables à de petits arbres, et leur tige est d'ordinaire couchée sous l'effort incessant du vent.

L'humidité du sol favorise l'éclosion abondante du populage (*Caltha palustris*), cette superbe renonculacée qui, chez nous, au printemps, égaye les marais de ses larges coupes d'or. Il croît même et prospère sur les toits des bœrs (fermes) construits en terre. D'ailleurs, notons ce fait en passant, le meilleur foin vient sur les murs de ces bœrs, oasis dans un désert de roches et de laves : aussi n'est-il pas rare de voir les animaux domestiques brouter sur les maisons.

Aux abords des Eaux chaudes, dont les éruptions sont si fréquentes en Islande, règne une verdure presque perpétuelle, qui contraste agréablement avec l'aspect âpre des environs, et repose la vue des scènes de désolation à laquelle elle est condamnée en ces parages. Fait remarquable : les plantes des zones privilégiées, quoique favorisées par une température plus douce, ne fleurissent pas plus tôt que leurs congénères des rochers : c'est le soleil seul, et sa vivifiante lumière, qui provoquent la floraison de part et d'autre. En certains points, le voisinage des geysers est une circonstance très défavorable à la végétation ; la silice qui en provient tue peu à peu les plantes, et les terrains qu'elle recouvre deviennent semblables à des dunes de sable, où la vie végétale n'est possible qu'autant qu'il s'y est fait un préalable dépôt d'humus. Sur ces terrains ne croissent guère avec satisfaction que

quelques Labiées appartenant aux genres *Prunella, Galeopsis, Stachys,* et
d'autres rares représentants des genres *Sedum, Parnassia, Filago, Plantago,
Epilobium, Euphrasia.*

Les Champignons charnus sont peu nombreux en Islande ; leurs quelques
espèces végètent pendant toute la durée de la belle saison. L'*Agaricus cam-
pestris,* comestible chez nous, mais que les
Islandais ne mangent pas, tapisse souvent au mois d'août les murs des bœrs.
Parmi les Lichens, il convient de citer, en
raison de son importance économique, le
fameux lichen d'Islande, *Cetraria islandica,*
qu'on trouve sur les hauts plateaux de l'intérieur ; il croît, non sur les rochers, mais
sur le sol rocailleux humide. On le récolte
en quantité pour les besoins de l'hiver ; cuit
avec du lait, il fournit un potage agréable,
assure-t-on. Le *Cetraria nivalis* n'est pas

Le lichen d'Islande (*Cetraria islandica*). .

moins commun, mais pousse exclusivement
dans les lieux secs ; il donne aux coulées de lave un aspect si blanc qu'on
pourrait les croire couvertes de neige.

Les plantes les plus communes en Islande appartiennent, comme on
peut le penser, aux rustiques et plébéiennes familles des Cypéracées, des
Graminées, des Saxifragées. Celles-ci y donnent le signal de la floraison ; et
glorieusement, dès la fin de juin, le *Saxifraga oppositifolia* épanouit ses
corolles roses et blanches. A chaque pas on rencontre encore le *Dryas
octopetala,* des *grassettes,* le *Trientalis,* toutes plantes des marais, auxquelles
se joint dans ce milieu le *comaret,* qui y est plus spécialement adapté. Le
pavot des Alpes, rare, se distingue mal parmi les roches sur lesquelles sa
couleur ne tranche pas ; parfois, des crevasses des terrains bouleversés
s'échappent de maigres buissons de *Rosa pimpinellifolia,* ayant à peine la
force de produire des boutons étiolés qui ne s'épanouissent guère ; le *frai-
sier* s'y essaye aussi à fleurir et ne fructifie qu'exceptionnellement. Les fleurs
violettes des *Epilobium* jettent leur note claire sur le fond sombre des

rochers volcaniques. Le *Ranunculus glacialis* ne forme pas de touffes comme sur nos Alpes, mais croît égoïstement en tiges isolées, dont chacune ne porte qu'une fleur, — comme si la nourriture trop maigre ne permettait pas d'étendre la famille et de songer à une postérité nombreuse. Toute cette végétation fleurit d'ordinaire, mais ne fructifie qu'autant que le soleil se met de la partie et retarde suffisamment la venue des frimas.

Ce qui caractérise d'une manière générale le faciès des plantes islandaises, qu'elles soient ligneuses ou herbacées, c'est leur rabougrissement, réduisant parfois à un insignifiant buisson un arbre qui ailleurs acquiert une belle taille. Le *genévrier nain* n'y dépasse guère vingt pouces de long, et encore n'atteint-il cette dimension qu'en rampant ; le *salix capraea*, emmêlant ses branches grêles, tordues, donne aux terrains où il croît l'aspect de champs de luzerne ; d'autres *salix,* voisins des neiges perpétuelles, deviennent méconnaissables et n'offrent plus qu'un paquet de cordons noirs, que ne décore aucun feuillage ; le bouleau semble un mince serpent tout contourné. Les types herbacés n'acquièrent que de faibles dimensions, et beaucoup sont si petits qu'à peine on peut les saisir entre les doigts.

Cette diminution de la taille, ce rabougrissement, cette tendance à ramper ne paraissent pas dus au froid qui sévit en ces régions, ou du moins il n'est pas le principal facteur qui intervienne dans la réalisation d'un tel faciès. Sous la même latitude, en effet, les pins, les sapins, les bouleaux végètent, en Norwège, avec une merveilleuse intensité vitale. Dans l'île d'Islande elle-même, aux endroits abrités, il n'est pas rare de trouver des plantes, surtout herbacées, atteignant des dimensions tout à fait semblables ou même supérieures à celles qu'elles revêtent sous nos climats.

L'agent qui surtout diminue la taille des plantes et les couche, par influence héréditaire, sur le sol ou les rochers, c'est le vent, lequel souffle toujours là-bas furieusement, surtout au sud de l'île où la végétation est moins belle, moins vaillante qu'au nord. Nous avons dans nos pays un exemple de ce pouvoir des tempêtes qui empêchent les arbres de croître et en font des buissons tourmentés et bas, aux landes arides de Bretagne ou

aux falaises crayeuses de Normandie, battues les unes et les autres par les
souffles violents du large.

En ce qui concerne les plantes cultivées, les arbres fruitiers manquent
entièrement, à l'exception du groseillier, qu'avec beaucoup de soins on parvient à conserver dans les jardins. Les plantes potagères réussissent assez
bien, sauf le chou-fleur.

Parmi les céréales, l'orge mûrit quelquefois ; une graminée sauvage,
l'*Elymus arenarius,* donne une bonne farine. Avec de la farine d'avoine
mélangée à celle de l'orge et du seigle, on prépare en Islande, — comme
d'ailleurs en Norwège, — le *falbrod,* espèce de biscuit rond, fort large, très
mince, qui peut se conserver pendant plusieurs années, si l'on a la précaution de le tenir dans un lieu sec.

Plusieurs espèces de lichens servent à la nourriture de l'homme, ainsi
qu'un grand nombre de racines anti-scorbutiques et même plusieurs sortes
de plantes marines. Sur les tables on sert comme fruits une grande quantité
de baies sauvages d'un goût excellent.

Les prairies de l'Islande sont assez belles.

Lorsqu'il y a disette de fourrage, on parvient à accoutumer les vaches
à manger la chair d'un poisson abondant dans la région, et qu'on pile avec
des os de morue.

Les bestiaux sont nombreux dans l'île : bœufs et vaches, pour la plupart
sans cornes et de petite taille; moutons, grands, portant deux et quelquefois
trois cornes et fournissant une laine très longue.

Les voitures étant inconnues, les voyages ainsi que les transports se font
exclusivement *à dos* des chevaux indigènes, dont la constitution robuste
résiste aux saisons les plus rigoureuses, comme aux fatigues les plus exces-
sives. Petits de taille, sobres, patients, vigoureux, ces intelligents animaux
se rapprochent beaucoup de ceux de Norwège, dont ils sont issus, — et
aussi du cheval corse ou du cheval des Pyrénées. Leur douceur est telle
que le cavalier le plus inexpérimenté peut les monter sans crainte, et leur
instinct est si sûr que, dans les passages les plus difficiles, ce que l'on a

de mieux à faire pour éviter tout accident c'est de se laisser guider par eux. On en exporte, chaque année, trois ou quatre mille en Angleterre, où leur petite taille les fait rechercher pour le service des mines. Cette exportation représente un revenu de près de un million cinq cent mille francs, chiffre qui ne peut certainement que s'accroître, car le prix du cheval, inférieur à cent francs vers 1865, a dépassé aujourd'hui trois cent cinquante et même quatre cents francs.

Le seul mammifère sauvage qui existe aujourd'hui en Islande, c'est le renard. Il y avait autrefois des ours blancs, mais, depuis l'introduction des armes à feu, ils ont été tous détruits. Ceux de ces animaux qu'on y aperçoit quelquefois, y ont été amenés par les îles de glaces flottantes provenant de l'Océan Arctique.

Le renne ne paraît pas être indigène dans cette île, bien que la *mousse des rennes* y croisse en abondance ; mais il y a été importé et il s'y multiplie. Toutefois, les peaux de rennes deviennent rares, les troupeaux se réfugiant dans les parties inhabitées de l'intérieur de l'île, où l'on ne peut songer à les poursuivre.

Parmi les oiseaux de l'Islande, l'eider (*anas mollissima*) et une espèce particulière de faucon sont les seuls qui méritent d'être nommés.

Les eiders ou canards-édredon donnent des bénéfices considérables, qui expliquent les mesures prises pour assurer la conservation de ces précieux palmipèdes. Il est défendu, non seulement de les chasser, mais même de tirer des coups de fusil dans les endroits qu'ils fréquentent, de peur de les effrayer. Aussi deviennent-ils si familiers, qu'au lieu de se sauver à l'approche de l'homme, ils se laissent souvent caresser sans manifester aucune crainte.

Les eiders s'établissent de préférence sur des îlots où les renards, leurs ennemis acharnés, ne peuvent venir les surprendre, et tel de ces rochers incultes et abrupts que l'on aperçoit dans les fjords ou sur le bord de la mer donnent à leurs propriétaires, sans frais d'aucune sorte, des récoltes de duvet de trente à quarante mille francs.

La défense de tuer l'eider est d'autant plus facilement observée par les Islandais, qu'ils dédaignent le plaisir de la chasse malgré l'abondance et la bonne qualité du gibier qui peuple leur île.

Le gibier de poil n'y est représenté que par le renne et le renard. Mais le courlis, la bécassine, le pluvier doré, le canard sauvage, et d'autres oiseaux aquatiques y abondent, ainsi que les *lagopèdes* ou perdrix blanches, aussi délicates de saveur que leurs congénères du continent.

Les indigènes paraissent éprouver de la répugnance pour ces ressources que la nature leur a départies avec tant de profusion. Ils recherchent plus volontiers les poissons, si nombreux dans l'Océan, les rivières et les lacs de l'île.

Dans les eaux marines on pêche le hareng, la morue, — plusieurs amphibies voisins des phoques, tels que le calocéphale scopulicole, le morse, — et plusieurs cétacés, entre autres le baleinoptère jubarte.

Dans les eaux douces abondent les saumons, les truites, les brochets et les anguilles. Les Islandais pêchent de préférence le saumon, qu'ils font sécher ou fumer pour la saison d'hiver. Depuis quelques années ils fabriquent même, pour l'exportation, des conserves de saumon assez appréciées.

L'Islande fut découverte, en 861, par un pirate norwégien, qui la nomma *Sneeland* (Terre de Neige); — mais Flocke Vilgerdarson, navigateur de la même nation, qui la visita en 868, lui donna le nom peu différent d'*Island* (Terre de glace), qui lui est resté.

Une colonie de Norwégiens s'y établit peu de temps après sa découverte. Les Islandais appartiennent effectivement à la race norwégienne.

La langue islandaise (*donk tunga*), ou vieux *norse,* se rattache à la branche gothique des langues germaniques. C'est l'ancien idiome des Scandinaves, dans lequel sont composés l'Edda et diverses inscriptions runiques. Il fut jadis porté en Islande par les colons scandinaves, dont la langue s'est maintenue dans cette île plus à l'abri qu'ailleurs des altérations.

Le danois parlé en Danemark (en Islande aussi) et avec de légères nuances en Norwège, le suédois même, sont issus de l'islandais. Mais tandis que le danois a conservé un caractère tout germanique, le suédois a subi quelque peu l'influence des idiomes finnois.

Le dialecte des îles Féroë se rattache au même groupe.

Les Islandais primitifs adoraient *Thor,* qui correspond au *Jupiter* gréco-latin, et *Odin,* assimilable à *Mercure.* Et, en effet, ils appellent le jeudi (*Jovis dies,* jour de Jupiter) *Thoesdag,* et le mercredi (*Mercurii dies,* jour de Mercure), *Odensdag.*

Le christianisme ne fut introduit dans l'île qu'en l'an 1000.

Les Islandais restèrent indépendants avec un gouvernement aristocratique jusqu'en 1263, époque à laquelle les rois de Norwège, profitant des dissensions survenues dans l'île, s'emparèrent de celle-ci et lui imposèrent un tribut.

Comme la Norwège, l'Islande passa sous le pouvoir des rois de Danemark, qui y entretinrent un vice-roi. Depuis lors, cette île n'a jamais cessé d'appartenir au Danemark. Elle a adopté, comme ce royaume, la religion luthérienne.

Un des faits les plus intéressants de l'histoire de l'Islande, c'est certainement le voyage et le séjour qu'y fit Christophe Colomb, en 1477[1]. Ce grand navigateur, suivant toute probabilité, accomplit ce voyage sur un navire de Bristol, car, au xv° siècle, les armateurs de cette ville et de Hull envoyaient des bâtiments trafiquer et pêcher sur les côtes de l'Islande.

Toutefois, M. Storn, l'auteur norwégien qui a le mieux étudié cette question, ne croit pas que ce soit en Islande que Christophe Colomb ait pu avoir connaissance de l'existence de l'Amérique.

A une époque où les phénomènes naturels n'attiraient guère l'attention, l'Islande excitait déjà la curiosité des savants et des voyageurs.

Les premiers documents scientifiques sur cette île remontent au siècle dernier. En 1772, deux étudiants islandais, Eggert Olafsson et Bjarni Palsonn, publièrent une relation de voyage consultée encore aujourd'hui avec fruit. Plusieurs années après, Uno von Troil écrivait ses lettres sur l'Islande, et, au commencement du xixe siècle, les naturalistes anglais Hooker et Mackenzie visitaient la *Terre de Glace.*

[1] Storn, *Christoffer Colombus og Amerikas opdagelse,* 1891, Christiania.

Ces travaux furent complétés par une œuvre française. En 1835 et 1836, la Commission du Nord, composée de P. Gaimard, de Xavier Marmier, d'Eugène Robert, etc., explora l'Islande avec une conscience digne d'éloge et rapporta un ouvrage qui fait honneur à la science géographique française.

En 1839, le célèbre naturaliste danois J. Steenstrup découvrait des gisements de plantes miocènes prouvant le changement de climat survenu

Reikjavik.

en Islande après la période tertiaire comme dans les autres régions polaires.

Quelques années plus tard, Bunsen, Descloizeaux et Waltershausen, venus en Islande à la suite de l'éruption de l'Hékla, en 1846, publièrent un ensemble d'observations absolument neuves sur la géologie et la minéralogie de l'île.

Pendant cette période, un savant indigène, Bjorn Gunnlangssen, exécutait une carte de l'île. Cette œuvre importante, à laquelle il ne consacra pas moins de douze ans, est le principal document cartographique sur l'Islande.

Nous devons signaler ensuite les voyages de Forbes (1859), du célèbre minéralogiste allemand Zirkel (1860), puis du Suédois Paykull (1867), auteur de la première carte géologique de l'île. Enfin, dans deux expéditions, entreprises en 1871 et en 1876, M. Johnstrup étudia soigneusement la région volcanique du Myvatn.

Plus récemment, deux Français, M. Bréon (1884) et M. Labonne (1888), ont parcouru l'Islande et ont enrichi nos connaissances d'intéressantes observations.

A partir de 1850, les voyages en Islande deviennent très fréquents. Attirés par la réputation des geysers et de l'Hékla, de nombreux touristes visitent l'île, et à leur retour beaucoup publient la relation de leurs excursions. Quelques-uns de ces récits contiennent d'utiles renseignements, mais ils sont en nombre beaucoup trop considérable pour être cités ici.

Les divers voyages que nous venons d'indiquer avaient été, en général, dirigés dans les mêmes districts et presque tous limités aux régions des côtes, des geysers et de l'Hékla. Le centre de l'Islande était par suite resté inconnu dans sa plus grande étendue. A un naturaliste islandais, à M. Thoroddsen appartient l'honneur d'avoir, par des recherches méthodiques poursuivies depuis 1882 pendant plus de dix années, révélé les principaux traits de cette région. M. Charles Rabot a résumé ses travaux dans les « Nouvelles géographiques » du *Tour du Monde* (7 juillet et 4 août 1894).

C'est à peine si la moitié de l'île, c'est-à-dire exactement quarante-deux mille soixante-dix kilomètres carrés, est habitable; on y compte une population de soixante et onze mille deux cent vingt et un habitants.

L'Islande fait partie, avec les Féroë, de la division politique danoise dite « des îles », qui envoie conjointement aux États provinciaux trois députés.

Elle forme un *stift,* ou province administrative, dont les divisions, appelées *amt,* sont le soudre-amt (sud), le vester-amt (ouest), et le nordre-amt (nord).

Chacune de ces divisions est administrée par un fonctionnaire appelé *amtman.* Celui du soudre-amt, appelé *stiftamtman,* est gouverneur général de l'île.

Chaque amt est divisé en *syssel* ou bailliages, dont les baillis (*sysselman*) sont à la fois administrateurs, percepteurs et juges de paix.

Le nombre des syssels est de vingt-trois.

L'Islande possède un tribunal de première instance (*Landfoyed*) et un tribunal d'appel (*Laudsover-Ret*) à Reikjavik.

Elle forme le diocèse d'un évêché luthérien ; une mission catholique est établie à Reikjavik, par les sœurs de Saint-Joseph de Copenhague, sous la haute direction de Mgr l'évêque de Danemark et d'Islande.

L'instruction élémentaire est générale, bien qu'il n'y ait que peu d'écoles.

La ville de Reikjavik, qui est considérée comme la capitale de toute l'île, compte trois mille six cent quarante et un habitants.

Le principal produit de la culture du pays est la pomme de terre, qui y réussit assez bien. L'élève du bétail (moutons, bêtes à cornes, chevaux) y constitue une branche beaucoup plus importante de l'industrie agricole.

Il n'existe pas de manufacture en Islande. La plupart des objets usuels y sont fabriqués dans l'intérieur des familles.

Le commerce d'exportation consiste en poisson salé et séché, saumon salé, huile de poisson, rogues, laine, suif, peaux de moutons, plumes, chevaux et moutons.

En échange on importe des grains, gruaux et farines, de la bière, de l'eau-de-vie et des liqueurs spiritueuses, du sel, du sucre, des drogues, des épices, du tabac, de la poudre, du plomb, des étoffes, du savon, du papier, de la verrerie, du fer, du cuivre, des charbons, du bois et, d'une manière générale, tous les produits manufacturés européens.

Les besoins des Islandais sont très réduits, car dans toute l'île les conditions de la vie matérielle se bornent au strict nécessaire.

Partout, même à Reikjavik, les *bœrs*, — c'est ainsi que l'on nomme les habitations islandaises, — sont aussi pauvres, aussi tristes, et il faut bien le dire, aussi sales que celles du fjord le moins fréquenté.

« Ces bœrs, dit M. George Aragon [1], échappent, en quelque sorte, à la description ; le crayon peut seul donner une idée exacte de ces constructions basses et massives, dont la pierre de lave et la tourbe constituent seules les matériaux. Pour mieux en garantir l'intérieur contre le froid et l'humidité, on

---

[1] *Les Côtes d'Islande et la pêche de la morue.* (*Revue des Deux Mondes*, 1875, t. XI, p. 756.)

se contente d'y pratiquer une seule petite porte qui donne accès dans un couloir sombre et étroit sur lequel s'ouvre, je n'ose pas dire des pièces, mais les compartiments intérieurs prenant jour sur le dehors par un simple carreau de vitre. Ainsi que les murailles, le toit pointu qui recouvre l'édifice est revêtu d'une couche de tourbe sur laquelle l'herbe pousse assez épaisse pour que, d'une certaine distance, on puisse à peine distinguer le *bœr* des prairies avoisinantes.

« La distribution intérieure est des plus simples : une première pièce sert de cuisine, une seconde de lieu de repos et de réunion ; les autres contiennent les provisions, les vêtements, les engins de pêche, tout le matériel du ménage.

« Au dehors se trouve un carré de terre cultivé, où les légumes viennent assez bien pendant la belle saison, — ainsi qu'une sorte de cabane dont les murs sont faits de planches séparées, entre lesquelles l'air pénètre librement et qui sert de séchoir pour le poisson.

« Si le propriétaire du bœr n'est pas assez riche pour se permettre cette construction complémentaire, il fait sécher sa pêche en plein air, ce qui explique la quantité de morues ouvertes et décapitées que l'on aperçoit sur tous les murs, et dont l'odeur surprend désagréablement le voyageur nouvellement débarqué.

« Ce n'est ni pour lui, ni pour les siens, que l'Islandais conserve ainsi le produit de sa pêche ; il est destiné à être vendu en totalité, à l'exception des têtes, qu'il réserve pour sa consommation particulière et qui forment avec le beurre, le lait et le poisson sec la base de son alimentation.

« Eh bien ! malgré les privations qu'implique une vie matérielle ainsi ordonnée, je ne crois pas qu'il soit exact d'avancer que les Islandais sont misérables. Bien qu'une certaine tendance à l'émigration commence à se manifester chez eux, ils paraissent, au contraire, généralement satisfaits de leur condition. Les ressources du pays suffisent à leurs besoins : la mer leur fournit le poisson en abondance ; la terre ne demande presque aucun soin de culture ou de labour pour produire l'herbe nécessaire aux troupeaux dont la laine, filée par les femmes, fournit des vêtements à la famille. Une partie des bestiaux périt souvent, il est vrai, pendant la saison d'hiver ; mais il en reste toujours un nombre plus que suffisant pour couvrir et au delà les frais d'entretien et d'élevage.

« Le type islandais n'a pas de caractère propre. C'est le type scandinave sans aucune particularité qui permette de l'en distinguer.

« Le vol, l'assassinat, les crimes, sont choses à peu près inconnues dans le pays. Dans toute l'île et même à Reikjavik, il n'y a pas un soldat, pas un gendarme, pas un agent de police, et le besoin ne s'en est jamais fait sentir. La simple énonciation de ce fait est certainement le plus bel éloge qui puisse être fait des vertus islandaises.

« Parmi celles-ci, il en est une que tous les voyageurs ont appréciée de la même façon et dont je tiens, à mon tour, à dire quelques mots. Je veux parler de l'hospitalité. Qu'elle ne soit pas tout à fait aussi désintéressée que l'ont prétendu quelques écrivains pour donner plus de relief au côté original et poétique de leurs descriptions, je ne le conteste pas; cependant, si pauvre que soit le bœr où l'on va frapper, on est toujours sûr d'y trouver un accueil aussi cordial, aussi empressé et en même temps aussi discret qu'on puisse le souhaiter. On n'affligera ni ne blessera ses hôtes en leur offrant, au moment du départ, une rémunération quelconque ; mais cette offre sera absolument facultative, et si elle n'est pas faite, personne ne songera à la provoquer.

« Je dois faire une exception toutefois pour certaines localités, celles, par exemple, que l'on rencontre sur la route des geysers, fréquentée chaque année pendant la belle saison par de nombreux touristes. Là, l'hospitalité est devenue une industrie dont les ministres luthériens paraissent avoir le monopole. Ils offrent aux voyageurs un abri dans leurs églises, transformées en hôtelleries, — du poisson, du lait, du café, le tout d'assez mauvaise qualité, et trouvent le moyen de rédiger, sur ces simples fournitures, une note qui fait le plus grand honneur à leur intelligence commerciale. »

Ce tableau de la nature et de la vie islandaises permettra de se rendre compte des conditions dans lesquelles se trouvent ceux de nos pêcheurs qui exercent leur industrie dans ces parages.

LES ARMEMENTS POUR L'ISLANDE

Les ports d'armement. — Importance des armements. — Recrutement des équipages. —
Les navires de pêche.

Les premiers armements qui eurent lieu en France pour la pêche d'Islande furent faits par Dunkerque, qui en conserva pendant de longues années le monopole à peu près exclusif. Mais la consommation de la morue s'étant notablement accrue, la plupart des ports secondaires du nord de la France ne tardèrent pas à rivaliser avec Dunkerque.

Aujourd'hui sept quartiers d'inscription maritime : Dunkerque, Gravelines, Calais, Fécamp, Saint-Brieuc, Binic et Paimpol, expédient sur l'Islande un nombre de plus en plus considérable de navires.

Au total, la pêche de la morue attire chaque année dans les mers d'Islande environ deux cents navires français montés par quatre mille marins.

« Je ne sais pas, dit M. le Dʳ L. Chastang[1], s'il existe au monde un

---

[1] Dʳ L. Chastang, médecin de première classe de la marine, *Nos pêcheurs d'Islande*. (Extrait des *Archives de médecine navale*. Paris, Imprimerie nationale, 1899.) — M. le Dʳ Chastang a bien voulu nous autoriser à faire tous emprunts à sa brochure, fruit d'une expérience personnelle acquise dans ses fonctions de médecin-major du navire-hôpital *le Saint-Paul*. Nous abuserons avec reconnaissance de la permission : nos lecteurs nous en sauront gré, et le profit en sera grand pour les pêcheurs d'Islande. Nul meilleur guide, en effet, ne saurait être choisi pour dépeindre leur situation qu'un officier qui l'a vue de ses yeux, qui en a partagé les périls, qui l'a étudiée avec l'autorité de sa haute compétence et la sollicitude de son dévouement.

plus dur métier, mais ce que je crois, c'est qu'il n'en est pas qui expose à plus de dangers, demande plus de sacrifices et apporte avec lui moins de compensations.

« Naviguer dans des parages où il faut lutter sans cesse avec la mer, où l'on a à essuyer à tout instant, surtout dans les trois premiers mois de la pêche (de février à mai) de ces tempêtes « qui font frissonner les hommes et les navires », et où, en dehors des coups de vent, il faut compter avec les

Cimetière des marins français à Reikjavik.

brumes et avec les glaces; — travailler seize ou vingt heures sur vingt-quatre, sans qu'un jour de répit vienne de temps à autre dissiper la fatigue et reposer l'esprit autant que le corps ; — n'avoir ensuite pour dormir qu'une couchette étroite dans un poste d'une saleté repoussante ; — ne jamais laisser ses vêtements toujours plus ou moins mouillés ; — n'avoir pour restaurer ses forces qu'une nourriture suffisante peut-être comme quantité, mais d'une monotonie à fatiguer les estomacs les mieux constitués; — ne trouver enfin de satisfaction que dans l'alcool, qu'on lui délivre trop généreusement: telle est la vie du pêcheur d'Islande.

« En retour de toutes ses peines, il n'a guère pour perspective dans l'avenir qu'une vieillesse hâtive avec des infirmités de toutes sortes. Son salaire est en raison non seulement de la réussite de la pêche, mais aussi

du succès de la vente. Celui qui l'emploie ne l'estime qu'en proportion de
la vigueur de ses bras. S'il tombe malade, tant pis pour lui, on le déposera
à l'hôpital, si l'hôpital n'est pas trop loin ; mais, au cas contraire, on s'im-
posera rarement un déplacement qui ferait perdre deux ou trois journées de
pêche. S'il meurt, la mer sera le plus souvent la tombe où l'oubli descendra
avec lui ; s'il a, au contraire, la chance de résister, il continuera le métier
tant que ses forces le lui permettront, mais rarement assez d'années pour
gagner la retraite modique que l'État fait aux marins après vingt-cinq ans
de navigation. »

Voici le tableau que donne M. le Dʳ Chastang, pour indiquer l'importance respective de chacun des ports d'armement pour les campagnes
de 1895 à 1898 :

PORTS D'ARMEMENT	NOMBRE DE NAVIRES				NOMBRE DE MARINS			
	1895	1896	1897	1898	1895	1896	1897	1898
Dunkerque.	88	94	98	91	1523	1612	1695	1710
Gravelines.	7	11	11	12	110	178	183	205
Calais	2	2	3	2	20	20	30	23
Fécamp	2	2	4	2	45	48	69	49
Saint-Brieuc.	20	17	12	10	466	395	294	254
Binic.	18	15	12	9	452	377	300	226
Paimpol	61	52	46	41	1416	1224	1117	973
Totaux.	198	193	186	167	4032	3854	3688	3440
Moyenne des quatre années.	186				3751			

« Les départements du Nord et des Côtes-du-Nord fournissent donc
presque exclusivement des armements. Comme les marins de ces deux
régions apportent leurs coutumes particulières tant comme manière de préparer le poisson que comme habitudes d'existence, il nous arrivera maintes
fois, dans le cours de cette étude, de faire une distinction entre les uns et
les autres, confondant sous le nom de Dunkerquois les pêcheurs de Grave-
velines, de Dunkerque et de Calais, et sous le nom de Bretons ceux de Binic,
Paimpol et Saint-Brieuc. »

Les départs pour l'Islande ont généralement lieu en février, et la
flottille de pêche ne rentre dans nos ports qu'à la fin d'août ou dans les
premiers jours de septembre. La campagne est donc de six mois environ.

Une grande partie des navires qui ont consacré les longs mois de l'automne au cabotage ou à la pêche sur les côtes rentrent en France vers le
commencement de l'année pour se préparer à leur campagne d'été. Ils ont
généralement profité de leur dernier voyage pour prendre, soit sur les côtes
de l'Espagne ou du Portugal, soit à Saint-Martin de Ré, le sel nécessaire
à la préparation ultérieure de la morue. Il leur reste à s'approvisionner au
port d'armement de tout ce qui pourra leur être indispensable par la suite,

Embarquement des pêcheurs d'Islande à Dunkerque.

en matériel et en vivres, l'Islande ne devant leur offrir que des ressources
insuffisantes, pour ne pas dire nulles. Le nécessaire, pour eux, se réduit du
reste à l'indispensable dans le sens le plus absolu du mot, et, sans la surveillance de l'administration de la Marine, « l'indispensable » lui-même se trouverait réduit à une expression si simple, que la sûreté du navire pourrait en
être compromise.

Le recrutement du personnel constitue la partie la plus délicate des pré-
paratifs de l'armement.

Nos navires de commerce naviguent, en général, avec des équipages
d'une faiblesse numérique véritablement surprenante même pour les gens
du métier. Depuis longtemps, les constructeurs s'appliquent à rechercher
des dispositions de mâture et de gréement qui permettent de réduire d'une

10

façon notable la somme de force mécanique à développer pour les manœuvres ordinaires à la mer, et il en résulte qu'aujourd'hui des navires de deux à trois cents tonneaux peuvent prendre la mer sans danger avec des équipages de cinq ou six hommes seulement.

Mais la raison d'économie, qui pousse habituellement les armateurs à réduire les frais du personnel, ne doit plus entrer en ligne de compte lorsqu'il s'agit des armements pour l'Islande. Il faut, au contraire, dans ce cas particulier, disposer du plus grand nombre possible de bras, car les bénéfices de la saison seront d'autant plus importants, que l'on aura pu mettre à la mer un nombre plus considérable de lignes de pêche.

Aussi tel bâtiment qui, en temps ordinaire, navigue avec quatre ou cinq hommes, tout compris, — devra en compter dix-huit ou vingt au moins pour la campagne d'Islande. Le nombre des marins de profession disponibles dans les ports ne pouvant suffire aux exigences de cette augmentation temporaire du personnel, il a fallu s'ingénier pour résoudre cette difficulté.

Dunkerque et les ports qui, les premiers, s'adonnèrent à la pêche purent d'abord compléter ailleurs leurs équipages ; mais les armements pour l'Islande s'étant généralisés, l'expédient n'a pas tardé à devenir insuffisant. Cette pénurie de matelots, gênante pour le commerce, n'est pas défavorable au développement de notre population maritime et ne porte pas, en réalité, à la pêche un préjudice bien sérieux.

Les quatre ou cinq hommes indispensables pour la partie purement maritime de la besogne se trouvent d'autant plus facilement que, le navire devant reprendre en automne ses voyages de cabotage, ils n'ont pas à craindre de chomage au retour. Quant au personnel complémentaire spécialement embarqué en vue de la campagne de pêche, il suffit, pour le trouver, de s'adresser à certaines classes de nos populations côtières qui paraissent, au premier abord, absolument étrangères aux choses de la mer.

Voici, d'ailleurs, d'après M. le Dʳ Chastang, comment sont constitués et recrutés les équipages :

« L'équipage se compose, capitaine compris, de dix-huit hommes sur les goélettes des ports flamands, et de vingt-trois ou vingt-quatre sur celles de la Bretagne. Il atteint vingt-six à vingt-huit sur quelques rares navires de Binic ou de Saint-Brieuc, tandis que les sloops dunkerquois n'ont qu'une dizaine de marins. En un mot on accumule à bord autant d'hommes que le navire peut en loger, de manière à avoir le plus de bras possible pour jeter à la mer le maximum de lignes.

« L'armateur choisit son capitaine qui, s'il n'est muni du brevet au long cours ou au cabotage, doit avoir subi un examen d'aptitude spécial et, en ce cas, avoir déjà navigué cinq ans à la pêche d'Islande, dont trois comme officier. Aucune condition d'âge n'est exigée, et c'est ainsi que nous avons rencontré deux capitaines qui n'avaient pas encore vingt-deux ans.

« Le capitaine, à son tour, choisit ses officiers et ses matelots. Il y a pendant la traversée deux officiers qui dirigent le quart à tour de rôle. Dès qu'on arrive sur les lieux de pêche, un troisième s'adjoint aux autres, et chacun commande une des trois bordées de l'équipage. Est officier le premier venu ; c'est en général un des hommes réputés comme un des meilleurs pêcheurs, peu importe qu'il soit médiocre navigateur.

« Dans la constitution de son équipage, le capitaine cherche surtout à avoir des hommes forts et vigoureux, ayant fait leurs preuves comme pêcheurs. De ses matelots de la campagne précédente, il tâchera d'abord de se conserver ceux en qui il a reconnu ces qualités. Puis il s'efforcera de s'en attirer d'autres dont la réputation est établie. S'il est lui-même capitaine réputé, ce lui sera chose facile. C'est, entre les différents capitaines du même port, une véritable lutte qui a commencé même parfois dès le cours de la campagne précédente. On cherche à se « soutirer » les uns aux autres les hommes dont on sait les capacités ou l'endurance, et on ne regarde pas toujours si les moyens que l'on met en œuvre sont empreints de loyauté et de délicatesse. Trop souvent c'est en attirant l'homme au cabaret et en buvant avec lui qu'on arrive à triompher de ses hésitations, et à lui faire signer un engagement auquel il n'aurait pas toujours souscrit dans d'autres circonstances. On connaît bien certain café de Paimpol réputé pour ces rendez-vous de capitaines, d'armateurs et de matelots, dont P. Loti nous a parlé dans des termes trop vrais hélas ! et où « bien des exis-

« tences d'hommes ont été jouées, engagées entre deux ivresses sur les
« tables do chêne. »

« Les matelots, de leur côté, recherchent les engagements des capitaines
dont on connaît les capacités professionnelles et le caractère, et on peut
dire le plus souvent que les meilleurs capitaines ont les meilleurs équipages.
Il en est qui reviennent chaque année en France avec des pêches les plus
honorables de la saison.

« Les équipages se composent surtout d'hommes dans la force de l'âge. En
compulsant pour les deux quartiers d'inscription maritime de Gravelines et
de Binic les documents de la campagne de 1896, j'ai pu constater que
50 p. 100 des pêcheurs avaient moins de trente ans, dont 23,10 p. 100
n'avaient pas vingt et un ans. »

Ces hommes ne sont pas tous marins de profession. En effet, on rencontre sur les bâtiments de la flottille d'Islande beaucoup de paysans et
de laboureurs des côtes de la Bretagne et de la Normandie, qui après avoir
consacré l'hiver à la récolte du goémon et du varech, aux semailles et à la
culture des champs, laissent les femmes au logis et s'embarquent, quand
vient février, pour toute la saison d'été.

Cette coopération d'une partie de la population agricole de notre littoral
à une industrie essentiellement maritime ne s'obtient pas toujours sans difficultés. Poussés par la nécessité de compléter coûte que coûte leurs équipages, les capitaines, ici encore, ont parfois recours à des procédés d'en-
rôlement peu scrupuleux.

En Bretagne surtout, où, par suite des conditions misérables de son
existence ordinaire, la population semble devoir être plus accessible qu'ailleurs à l'appât d'un salaire relativement élevé, les capitaines recruteurs
(l'expression est tout à fait de circonstance) ne reculent pas devant un mode
d'embauchage qui frise quelque peu l'illégalité.

M. George Aragon, dans l'étude que nous avons déjà citée, a fait une
description très pittoresque de la manière dont les choses se passent.

Un navire, dont l'armement est terminé et auquel il ne manque que le
complément de son équipage de pêche, vient mouiller un beau jour devant
un village ignoré, au fond de quelque crique perdue.

Le dimanche, à la sortie de la messe, le capitaine fait publier qu'il a besoin d'hommes pour la campagne d'Islande. Le crieur énumère les avantages de la proposition : salaires proportionnés aux résultats de la pêche, bonne nourriture, vin, eau-de-vie, viande trois fois par semaine, enfin et surtout, avance immédiate d'une somme d'argent de cent à deux cents francs.

Il faut avoir vu de ses yeux la pauvreté et le dénuement des riverains de la côte bretonne pour comprendre l'effet produit sur leur imagination par l'offre d'une telle somme en espèces monnayées et ayant cours ! Un pareil chiffre d'écus leur paraît fabuleux, et cependant ces écus sont là, tout à leur portée et à leur disposition immédiate. Pour devenir légitimes propriétaires de ce trésor ils n'ont qu'un mot à dire.

Ce mot, ils ne se hâtent pas de le prononcer. Est-ce la crainte de cet élément sur lequel ils ne se sont point encore aventurés, mais dont ils ont pu si souvent contempler les fureurs ? Est-ce l'attachement au sol natal, si ingrat cependant, qui les fait hésiter ainsi ?

Le capitaine, néanmoins, sait facilement venir à bout de leur irrésolution. Installé dans le cabaret le plus voisin de l'église, il attend que la curiosité ou le désir de se bien renseigner à bonne source lui amène quelques individus. Si ceux qui se présentent sont jeunes et vigoureux, il déploie aussitôt toute son éloquence, énumère les avantages de la campagne, glisse sur les dangers et les fatigues, fait sonner l'or, appuie ses discours de nombreuses rasades de cidre et d'eau-de-vie, dont les vapeurs capiteuses finissent toujours par entraîner le paysan, déjà fort ébranlé par la faconde de son interlocuteur.

L'engagement est signé, le laboureur est devenu marin, et comme, en définitive, toutes les promesses qui lui ont été faites seront scrupuleusement tenues, comme, à moins de circonstances exceptionnellement défavorables, il reviendra au logis en septembre, avec un bénéfice net de quatre à cinq cents francs, on n'aura pas, l'année suivante, la peine de chercher à l'embaucher de nouveau. Lui-même viendra spontanément se proposer, amenant avec lui ceux de ses compatriotes que son exemple aura décidés.

Du jour où il a accepté l'engagement pour la pêche, il est devenu inscrit

maritime. Quelques voyages en Islande feront de lui un bon matelot. Puis le
moment viendra où, levé pour le service, il sera dirigé sur la division des
équipages de la flotte de Cherbourg ou de Brest. Alors commencera son
éducation militaire : une campagne à bord d'un bâtiment de l'État achèvera
de le former. Après quoi il pourra reprendre ses travaux agricoles en hiver
et ses campagnes de pêche en été. Dès lors, rompu à la pratique de la vie
maritime comme aux devoirs de la vie militaire, familiarisé avec les privations et les dangers, il montrera, le cas échéant, l'esprit de discipline, la
bravoure, toutes les vertus guerrières dont notre armée de mer a donné
tant de preuves, et ce laboureur, ce pêcheur de morues saura se transformer, à l'appel de la patrie, en héroïque soldat.

« Aussi est-ce autant pour s'assurer le recrutement que pour favoriser l'industrie de la grande pêche que l'État fait aux armateurs et aux pêcheurs un
certain nombre d'avantages (franchise de tous droits sur le sel français
nécessaire à la préparation du poisson, exemption de droits de douane et
d'entrée sur le sel étranger, prime de cinquante francs par marin embarqué,
primes sur le produit de la pêche).

« Tout navire doit avoir un mousse : quelques-uns en ont deux. Ils ont
ordinairement de douze à quatorze ans. J'en ai rencontré cependant deux
qui n'avaient pas encore onze ans et demi et dont l'un venait en Islande
pour la deuxième fois. C'est prendre bien jeune la livrée de la misère! Alors
que sur les Dunkerquois le mousse n'est qu'un apprenti pêcheur, à bord des
Bretons il ne paraît jamais à la pêche, et il est chargé spécialement de la
cuisine. Qu'on ne croie pas que son existence en soit plus agréable et plus
douce et son métier moins pénible ; c'est le contraire qui a souvent lieu. Le
matin, il devra être levé le premier pour que la bordée qui doit prendre le
quart du jour trouve son café chaud au réveil. Les repas devront être prêts
aux heures réglementaires, et il devra les servir aussi rapidement que possible, se portant constamment de l'arrière à l'avant et de l'avant à l'arrière,
car avec les fonctions de cuisinier il cumule celles de maître d'hôtel, et il
doit servir tout à la fois le capitaine, les officiers et l'équipage sans que personne ait à subir de retard. Si le service reste en souffrance ou si la cuisine
laisse à désirer, il a à essuyer les plaintes et les réprimandes, et quelquefois

les bourrades des uns et des autres. On se rend facilement compte de ce qu'un tel service exige d'activité à certaines heures. Mais je n'ai pas remarqué que la santé du mousse s'en ressente ; je n'ai pas non plus trouvé sur mon chemin de ces pauvres enfants souffre-douleurs de tout un équipage tels qu'on en rencontre parfois ailleurs et tels que la pêche de Terre-Neuve nous en a donné dans ces dernières années quelques regrettables exemples. Mais cette situation, en les faisant vivre constamment dans une

Un navire « islandais » en pêche. — L'Églantine, de Paimpol.

cuisine étroite et d'un entretien difficile, les maintient dans un état de saleté corporelle indicible et leur enlève (si par hasard ils le possédaient) le goût et l'instinct de la propreté.

« On emploie, pour la pêche d'Islande, des navires de plusieurs sortes, mais généralement solides, bien gréés, souvent même de forme fine et élégante, jaugeant presque tous de quatre-vingt-dix à cent tonneaux et mâtés en goélettes. On voit encore dans la flottille de Dunkerque des bâtiments de plus petit tonnage, sloops ou dundees, mais leur nombre devient de plus en plus restreint chaque année. La goélette est bien plus pratique pour le métier, et elle présente sur le sloop, tant pour la navigation que pour les mouvements à effectuer en pêche, des avantages nombreux sur lesquels nous n'avons pas à nous étendre.

« Tous les ans beaucoup de bateaux neufs viennent prendre la place des vieux. Cette transformation, presque complète aujourd'hui pour les ports bretons, s'accentue depuis quelques années également dans la flottille dunkerquoise. Le nombre diminue de jour en jour de ces vieilles coques qui ont beaucoup navigué et beaucoup souffert, et que les assurances n'acceptent plus que pour une faible somme. On en voit encore trop cependant ; il ne se passe pas de campagne sans que plusieurs d'entre elles, faisant trop d'eau, ne doivent être échouées à la côte et abandonnées. Heureux encore lorsqu'elles ne sont pas victimes de quelque tempête et qu'elles n'entraînent pas avec elles tout leur équipage. Celui-ci s'est pourtant embarqué à bord plein de confiance et sans arrière-pensée : c'est le propre de l'homme de mer de ne jamais redouter le danger et d'avoir foi dans sa bonne étoile.

« Les dimensions principales des goélettes de pêche sont assez habituellement les suivantes :

Longueur entre perpendiculaires.	27m,00 à 30m,C0
Largeur au maître bau.	6m,50 à 7m,00
Tirant d'eau.	3m,70
Hauteur des mâts.	19m,00 à 20m,00

« La disposition intérieure en est simple : à l'avant, le poste de l'équipage ; à l'arrière, le logement du capitaine et des officiers et la cambuse ; tout le reste est occupé par la cale.

« Cette cale forme un vaste compartiment où l'on entasse le sel et la morue pêchée. Beaucoup de naufrages se produisent lorsque l'eau défonçant les panneaux et pénétrant dans cette cale vient à chasser tout le sel du même côté et détruit ainsi l'équilibre. Pour obvier à ce danger, un armateur de Saint-Brieuc a eu l'idée aussi heureuse que simple de diviser cette partie du navire en deux moitiés par une cloison longitudinale : cet exemple devrait être suivi par tous.

« Le prix d'une goélette de pêche est d'environ soixante mille francs, et son armement revient à vingt mille francs. »

III

Différence des méthodes de pêches employées respectivement par les Bretons et les Dunkerquois. — Les
« chasseurs ». — Fatigues inhérentes à la pêche. — Préparation de la morue.

Les méthodes de pêche des bateaux bretons diffèrent assez notablement
de celles qu'emploient les marins dunkerquois [1].

Les pêcheurs bretons quittent la France vers le 10 février ; ceux des
ports du Nord dans la première quinzaine de mars ; ils rallient tous la côte
sud de l'Islande, où se fait la première saison de pêche, qui dure jusqu'à
la fin d'avril.

La pêche des Bretons se poursuit jusqu'à ce que le navire ait employé tout
son sel. Comme il peut arriver que, dans les bonnes années, le chargement
qu'il en a pris soit rapidement consommé, les armateurs bretons expédient en
Islande, au mois de mai, des *chasseurs,* c'est-à-dire des bâtiments venant tout
exprès pour prendre le poisson déjà pêché par les navires de leur maison,
auxquels ils remettent en échange une nouvelle provision de sel. Le lieu et
l'époque où ces navires doivent se rencontrer ont été préalablement fixés.
C'est, le plus souvent, du 1ᵉʳ au 15 mai, dans l'une des baies de l'est ou de
l'ouest.

---

[1] Une bonne partie des renseignements qui suivent est empruntée textuellement à la brochure de
M. le Dʳ Chastang.

Les bateaux pêcheurs profitent de ce séjour, qui dure six ou huit jours, pour refaire leur plein d'eau douce, visiter leur voilure et faire à leurs coques et à leurs embarcations plus ou moins éprouvées par les mauvais temps qu'ils ont eu fatalement à subir depuis le départ les réparations les plus indispensables. Les navires de Binic et de Saint-Brieuc, qui doivent faire la deuxième pêche sur la côte ouest, vont en relâche à Reikjavik, Patrixfjord ou Dyrefjord. Les Paimpolais, hôtes habituels de la côte est, choisissent Faskrudsfjord ou Nordfjord.

Quant aux *chasseurs,* dès que le transbordement est effectué, ils repartent au plus vite, car les communications avec l'Islande étant peu fréquentes, les premières nouvelles de la pêche arrivent en France par ces navires, qui s'empressent naturellement d'annoncer que la saison est déplorable et le poisson des plus rares. Bien que l'on sache parfaitement à quoi s'en tenir sur la valeur de leurs renseignements, on s'y laisse constamment prendre, et les morues qu'ils apportent sont toujours vendues à des conditions très avantageuses.

Les Dunkerquois, qui font subir à bord à leur poisson la préparation définitive et qui n'ont pas de chasseur pour venir chercher leur première pêche, ne vont en baie que du 25 mai au 10 juin et presque tous dans un des ports de l'est. Faskrudsfjord est leur centre principal; quelques-uns vont aussi à Nordfjord ou à Seydisfjord. Outre la visite de leurs navires et leur réapprovisionnement en eau douce, ils procèdent au nettoyage de toute la morue pêchée depuis le début de la campagne et la remettent en tonnes dans une nouvelle saumure.

Ce séjour dans les baies n'est donc pas pour les hommes une période de repos complet ; la nuit leur appartient ; mais dans le jour il leur faut travailler beaucoup pour demeurer le moins possible au mouillage, car on est payé selon le produit de la pêche, et il y a intérêt à retourner promptement sur les bancs. Malheureusement, dans leurs heures de liberté, la seule distraction qu'ils aient est de s'enivrer avec les économies d'alcool soigneusement amassées pendant deux mois. Dans les conditions actuelles, l'hygiène est donc d'accord avec l'intérêt pécuniaire, et on ne peut que désirer de voir sonner promptement l'heure de l'appareillage. Une fois repris le large, on s'abstiendra de paraître dans les fjords autrement que pour des motifs graves. On n'y entrera qu'une ou deux fois au cours de la seconde saison pour faire de l'eau, les capitaines profitant des jours où le temps est mauvais et où il est impossible de pêcher ; on va alors au fjord le plus voisin et on n'y séjourne qu'un ou deux jours.

La seconde saison de pêche dure de mai à août : la morue a alors abandonné le sud et se fait prendre tant dans l'est que dans l'ouest sur les bancs qui s'étendent jusqu'à quarante et cinquante milles de terre ; vers le mois de

Goélettes françaises dans la baie de Faskrudsfjord.
(Photographie du Dr Chastang.)

juillet, elle est aussi très abondante sur la côte nord. Mais dans cette deuxième pêche le poisson est bien moins gros que dans les mois de mars et d'avril.

Le retour s'effectue dans le courant d'août, plus tôt parfois pour les navires qui ont été heureux et qui ont épuisé leur provision de sel. Ceux qui se sont attardés jusqu'au 20 août profitent alors de la première brise favorable pour reprendre la route de France. Les navires du Nord rentrent directement à leur port ; ceux de Bretagne vont porter le produit de leur pêche dans un des grands ports de l'Atlantique, Nantes, la Rochelle, mais surtout Bordeaux.

Une différence très grande existe entre la pêche d'Islande et celle de Terre-Neuve. Tandis qu'à Terre-Neuve les bâtiments restent en mouillage sur les bancs et envoient leurs pêcheurs dans des embarcations jeter des lignes munies d'un grand nombre d'hameçons (deux et trois mille quelquefois), qu'ils iront relever plus tard, ici c'est du bord même que se fait la pêche. La qualité du poisson ne peut qu'y gagner, car avec la ligne à main le poisson est préparé peu de temps après sa capture, tandis qu'avec les lignes de fond il séjourne un certain nombre d'heures sous l'eau après sa mort.

Si les Dunkerquois et les Bretons ont une manière différente de préparer leur poisson, le procédé de capture est le même pour tous.

La morue ne fuit pas le voisinage de la terre ; mais les conventions internationales relatives aux limites de la mer territoriale ne permettent pas à d'autres qu'aux sujets danois de la pêcher à moins d'une lieue marine de la côte. La lieue marine valant trois milles marins et le mille marin comptant mille huit cent cinquante-deux mètres, nos pêcheurs ne peuvent donc exercer leur industrie qu'à une distance de cinq mille cinq cent cinquante-six mètres du littoral de l'Islande.

A cette distance, la sonde ne donne le fond qu'à deux ou trois cents mètres. Le navire, arrivé au point que le capitaine a choisi, se débarrasse de ses voiles et n'en conserve qu'une seule, dont l'action combinée avec celle du gouvernail, doit le maintenir dans une position aussi fixe que possible, en ce sens que, recevant le vent de la mer par le côté, il n'éprouve pas d'autre impulsion qu'un mouvement assez lent de dérive par le travers, au lieu de progresser par l'avant ou par l'arrière.

Après cette manœuvre préparatoire, la pêche commence et continue *si la morue donne*. Dans le cas contraire, la voilure est rétablie, et l'on va chercher plus loin un meilleur emplacement.

Tout autour du navire, sur le plat-bord, de distance en distance, sont fixés de petits supports en bois appelés *mecques,* munis à leur extrémité libre d'une fente dans laquelle passera la ligne et qui feront ainsi l'office de poulie. Chacun d'eux marque une place de pêche : les places se tirent au sort au commencement de la saison, mais les pêcheurs en changent de temps en temps. A la fin de chaque semaine, ordinairement, chacun s'avance d'une place de manière à passer par toutes successivement.

Sur le pont sont disposés deux parcs dans lesquels sera jeté le poisson au fur et à mesure qu'il arrivera hors de l'eau.

Les lignes employées doivent être assez fortes pour ramener à bord un poisson dont le poids dépasse souvent douze kilogrammes. Elle ont de quatre-vingts à cent mètres de longueur.

Lorsqu'on pêche par des profondeurs plus grandes, deux ou trois lignes sont attachées les unes aux autres. Une des extrémités est fixée à bord, l'autre est munie d'un plomb mobile assez semblable à un battant de sonnette, du poids de trois mille cinq cents grammes, traversée par une tige de fer de soixante-quinze centimètres (arbalète), à chaque extrémité de laquelle sont fixés les deux avançons qui portent les hameçons. L'hameçon a environ douze centimètres de l'extrémité de la tige à la base de la courbure, et celle-ci a une ouverture de six centimètres ; la tige droite porte un petit poisson en plomb, enfilé de bout en bout et destiné à maintenir l'hameçon vertical.

La voracité de la morue est telle qu'il est à peine utile d'amorcer les hameçons. Toutefois, — la *boëtte* utilisée à Terre-Neuve (hareng, capelan, encornet, etc.) faisant complètement défaut ici, — on ne manque pas d'utiliser comme appât les entrailles et les viscères des morues déjà prises, dont leurs congénères se montrent très friands.

Pendant la pêche, les hommes s'échelonnent tout le long du navire, *du côté du vent*, car s'ils tendaient sous le vent, le mouvement de dérive ferait passer leurs lignes sous la quille. Ce n'est que lorsque le temps est tout à fait calme, que l'on peut pêcher indifféremment de l'un ou de l'autre côté.

Le pêcheur jette l'engin à la mer et laisse se dévider la ligne jusqu'à ce que le plomb touche le fond. Il le relève alors de quelques mètres, puis il imprime à son corps un mouvement de balancement qui fait alternativement baisser et remonter les hameçons de quelques centimètres de manière à exciter la voracité du poisson.

Aussitôt qu'une secousse lui indique qu'un poisson vient de se prendre, le pêcheur hale la ligne à bord aussi rapidement que possible. Et comme il arrive ordinairement qu'à peine mise à la mer la ligne doit être remontée avec un poids supplémentaire de dix ou douze kilogrammes, on comprend la fatigue que doit éprouver l'homme au bout de six heures d'un pareil exercice. Une bonne partie de cette peine est souvent prise en pure perte,

lorsqu'au lieu d'une morue, par exemple, la ligne ramène un *flétan,* sorte
de poisson très commun sur les côtes de l'Islande, excellent à manger, mais
que jusqu'ici on n'a pu réussir à conserver. Cet animal est, de la part de
nos pêcheurs, l'objet de la plus vive aversion ; comme il est beaucoup plus
gros que la morue et atteint souvent un poids de quarante à cinquante kilogrammes, il est très pénible de le remonter à bord. Parfois même il casse
la ligne et emporte l'hameçon auquel il s'était pris.

Comme on le voit, cette manière de procéder occasionne déjà une
grande dépense de forces et demande des bras vigoureux, outre que cette
manœuvre incessante des lignes couvre l'homme d'une eau glaciale qui
ruisselle partout.

Chaque pêcheur a à côté de lui une manne ou porte un sac suspendu à sa
ceinture ; dès qu'il a ramené une morue, il l'assujettit sous son bras, lui
enlève l'hameçon, lui fend la gueule pour couper la langue qu'il met dans
sa manne ou dans son sac, puis la jette dans le parc. A bord des navires où
les hommes sont payés à la morue, chacun remet le soir au capitaine son
panier de langues ; le nombre de celles-ci indique le nombre des morues
qu'il a capturées et qu'on inscrit à son actif sur un registre *ad hoc.* Il faut
que le capitaine conserve ces langues dans l'endroit le plus inaccessible
à l'équipage ; sans cela, les mêmes pourraient lui être représentées un nombre
indéterminé de fois, et la quantité du poisson finirait par dépasser considérablement le butin réellement pris.

A bord des navires bretons, lorsqu'il y a dans les parcs un nombre suffisant de morues, on laisse la pêche et tout le monde est appelé au travail du
poisson. Chacun a sa fonction particulière : d'abord, le *piqueur* lui ouvre le
ventre et le passe au *décolleur,* qui enlève le foie, les autres viscères, les
rogues et lui casse la tête. Le *trancheur* le dépouille de son arête, puis le
gratteur râcle les dernières traces de sang et les débris de viscères et fait
passer la morue aux *laveurs* qui la nettoient et la jettent dans la cale, où elle
est reçue par le *saleur.* Celui-ci étend le poisson en couches régulières qu'il
recouvre de sel. Quant aux têtes, elles servent à faire la soupe de
l'équipage.

Les rogues et les foies sont conservés dans des barils ; ceux-ci pour fabriquer l'huile, celles-là pour être vendues en France comme appât aux pêcheurs de sardines.

Sur les navires du Nord, le poisson est ordinairement préparé aussitôt qu'il sort de l'eau. Trois hommes sont toujours disponibles dans ce but : le *piqueur* ouvre la morue et la nettoie complètement ; le *saleur* l'étend dans une tonne, la saupoudre de deux ou trois poignées de sel, la recouvre d'une autre morue, et ainsi de suite jusqu'à ce que la tonne soit pleine. Le reste est l'affaire du *tonnelier*.

Travail de la morue à bord, en Islande.

La morue pêchée par les Bretons et mise en vrac dans la cale ne subit plus à bord d'autre préparation ; celle de la première pêche est rapportée en France par les chasseurs vers la fin de mai ; celle de la deuxième pêche rentre avec les navires. Elle se vend dans certains ports, où elle subit sa préparation définitive.

La morue des Dunkerquois subit au contraire sur les lieux de pêche toutes ses préparations. De temps à autre, en mer, lorsque la pêche ne donne pas, et toujours en baie pendant le séjour qu'on y fait à la fin du mois de mai, elle est sortie des barils, lavée avec soin, débarrassée des taches anormales qu'elle peut présenter, remise en barils avec une nouvelle quantité de sel neuf et soigneusement pressée. C'est l'opération connue sous le nom de *repacage*. Un dernier repacage est pratiqué au retour en France. Cette morue, connue sous le nom de *morue verte*, constitue la première qualité, et elle est vendue sur les principaux marchés de France. Celle des Bretons est moins estimée, atteint un prix moins élevé et est surtout destinée aux colonies et à l'étranger. Les Bretons sont donc obligés de gagner sur la quantité, et c'est pour cela que les pêcheurs de cette région gardent toutes les morues qu'ils capturent, alors que pour les armateurs du Nord les grosses morues seules ont de la valeur.

IV

Le labeur de la pêche. — Mauvaise hygiène du bord. — Le logement. — Le costume. — La nourriture. — Les boissons. — Le fléau de l'alcoolisme.

Ce qui va suivre est emprunté presque continuellement à l'ouvrage de M. le D' Chastang.

Dans une esquisse rapide nous venons de montrer ce qu'a de fatigant pour l'homme cette profession dans laquelle il faut constamment tenir en mouvement une longue ligne terminée par un poids très lourd, auquel s'ajoute encore celui du butin capturé. Lorsque le poisson abonde, on n'a pas un instant de répit; la ligne n'a pas le temps de séjourner sur les fonds, tant est grande la voracité de la morue, et on reste des heures et des heures au travail sur le pont.

Le service de pêche se fait par quarts de trois heures. Les hommes sont divisés en trois bordées; deux bordées pêchent en même temps. Ce n'est donc qu'après être demeuré six heures sur le pont que le pêcheur pourra prendre un peu de repos et de sommeil, pour lequel le chiffre de trois heures est un maximum rarement atteint, car avant de s'étendre sur sa couchette l'homme commence par manger un peu de biscuit et fumer une pipe. En outre, ceux qui sont payés à la pièce se laissent facilement entraîner à rester

11

au travail quand le résultat est satisfaisant. Enfin, pendant le jour, ce temps de repos ne constitue pas un droit absolu, et le capitaine peut toujours disposer de son personnel pour quelque travail à l'intérieur. En fait, on peut dire qu'en temps normal on ne dort pas plus de cinq à six heures sur vingt-quatre, et encore à plusieurs reprises. C'est un surmenage exagéré, plus marqué surtout dans les deux premiers mois, alors que les coups de vent rendent la pêche plus difficile et obligent en outre à des manœuvres répétées. Il arrive bien des fois que l'équipage, exténué, appelle de tous ses vœux une tempête de quelques jours, parce qu'alors toute pêche cessant le navire s'éloigne de la côte, le nombre d'hommes strictement nécessaire à la manœuvre reste seul sur le pont, et tous les autres, enfermés dans le poste, peuvent se livrer à un sommeil qu'en dehors de cette situation ils connaissent rarement aussi profond et aussi prolongé.

Et puis le travail est de tous les jours, sans trêve ni merci. On pêche tant qu'on trouve du poisson, et, lorsqu'on n'en trouve plus, on met à la voile pour aller sonder quelque banc voisin. Cette activité incessante n'est pas seulement caractéristique de la vie à la mer; nous la retrouvons aussi en rade, du moins pour les équipages bretons. Les capitaines dunkerquois, à leur arrivée en baie, commencent par donner vingt-quatre heures de repos à leurs hommes; le séjour dans les fjords dure au moins une semaine ; à moins d'obligation pressante, le travail est suspendu le dimanche ; enfin la veille du départ est encore un jour de repos dans lequel chacun peut mettre un peu d'ordre dans ses effets et prendre quelques forces avant de commencer une nouvelle croisière. Chez les Bretons le travail reprend dès que le navire est mouillé ; on est occupé tous les jours sans distinction aucune, et on se hâte de débarquer le poisson que vient chercher le chasseur, de refaire sa provision d'eau ou d'effectuer les réparations pour reprendre la mer le plus vite possible. La morue est le seul objectif, et tout doit s'effacer devant ce but unique : santé, propreté, sécurité même, car des faits certains sont là pour attester qu'on ne prend pas toujours le temps de réparer certaines avaries.

Au nom de l'hygiène et de l'humanité on ne saurait trop s'élever contre cette manière de faire. « La force de l'homme n'est pas celle des pierres et

sa chair n'est pas de bronze. » Il est des ressorts qui ne peuvent toujours
être tendus, et, de toute nécessité, il faut à l'homme de temps en temps un
peu de repos pour réparer ses forces et retremper sa vigueur. « Au point de
vue hygiénique il a été constaté, après de concluantes expériences, que
chaque jour le travail produisant un déficit qui, suivant l'intensité du labeur,
la nourriture et l'état des forces, s'élève de 10 à 20 p. 100 de notre
provision entière d'oxygène, il en résulte au bout d'une semaine un grand
épuisement, l'appauvrissement du sang et la fatigue du système nerveux ;
pour combler ce déficit et prévenir la ruine de la santé, il faut le repos
hebdomadaire régulier et complet. Il a été prouvé aussi, scientifiquement,
que rien ne peut remplacer le jour de repos, pas même le sommeil, pas
même la nourriture la plus fortifiante, l'oxygène qui nous est nécessaire ne
pouvant être amassé dans nos muscles en quantité suffisante que par le
repos [1]. »

Il serait bon autant que moral qu'on laissât un peu de répit à des
hommes qui pendant plus de deux mois viennent d'affronter toutes les
fatigues et tous les dangers, et on ne saurait trop engager les armateurs à donner à leurs capitaines les ordres nécessaires pour que les équipages puissent jouir, au moins pendant les relâches, du salutaire repos du
dimanche.

En retour de leurs épreuves incessantes, les pêcheurs trouvent-ils au
moins dans leur existence à bord quelque compensation matérielle ou
morale ? Il faut bien reconnaître que non. Tout ce qui pourrait constituer
pour eux le moindre bien-être ou le plus léger confortable leur est presque
systématiquement refusé. Ils doivent vivre dans des conditions vraiment
indignes de gens tant soit peu civilisés. Si, envisagé à un point de vue général,
le métier de marin est, suivant l'expression de Fonssagrives, « un défi jeté
à l'hygiène, » que dire alors de celui du marin de la pêche d'Islande, autour
duquel toutes les causes de maladies ou de décrépitude semblent accumulées
comme à plaisir ?

Ce qui domine surtout et partout sur les navires pêcheurs, c'est la saleté

[1] Extrait d'un rapport au Congrès international de 1889 pour la protection des ouvriers.

et la puanteur. Les rogues et les foies qu'on conserve à fond de cale jusqu'à la fin de la campagne, des détritus de poisson qui pourrissent de tous côtés sur un pont qu'on ne nettoie que rarement et sommairement, tout contribue à répandre à bord une odeur aussi caractéristique que désagréable. La propreté, « cette colonne fondamentale de la santé, » comme l'appelle Hufeland, est ici complètement inconnue. Voulez-vous monter à bord et visiter une goélette sur les lieux de pêche? Généralement pas d'échelle; il faut faire l'ascension à la force des poignets. On franchit le bastingage, puis plusieurs barriques, et on peut ainsi sauter sur le pont. Mais attention à ne pas glisser sur la boue visqueuse qui le recouvre, faite d'eau de mer et de débris de poissons.

Descendez-vous dans le poste d'équipage? Là encore vous trouverez partout ce mélange sale et gluant, aussi bien sur l'échelle à pic, par laquelle vous ne pouvez descendre qu'en la tenant des deux mains, que sur le parquet où les hommes jettent sans scrupule après le repas les fonds de leurs verres et les débris de leurs aliments. Restez en bas le moins longtemps possible, faites-y rapidement ce que vous avez à faire, regardez tout ce que vous voulez voir, mais, surtout, évitez de sentir. Puis remontez rapidement, traversez le pont de l'avant à l'arrière, à grand renfort de gymnastique et de précautions, et descendez alors chez le capitaine. Le hasard vous ayant favorisé, vous pourrez trouver là un logement bien tenu, mais c'est encore l'exception, et bien que d'ordinaire cette partie du navire soit encore relativement propre, du moins ne faut-il pas être trop exigeant à cet égard, et il n'est pas certain que sur le banc où on vous offrira une place, ou sur la table où vous vous accouderez, quelque morceau de poisson, égaré là on ne sait comment, ne s'accolera pas à vos vêtements.

Avec l'alcoolisme, la malpropreté est le vice le plus profond, le plus enraciné et le plus hideux du pêcheur français; il est poussé aux plus extrêmes limites; il faut avoir vu et avoir senti pour s'en faire une idée; chose triste à dire, celui qui n'aurait visité que des bâtiments similaires portant un autre pavillon que le nôtre ne pourrait s'en faire une idée et n'aurait rien vu d'approchant.

Cela n'est nullement exagéré; la constatation est douloureuse, mais elle n'est que l'expression de la vérité.

On ne nettoie pas le bateau ou on le nettoie le plus rarement possible, dans les grandes circonstances seulement. On n'en veut pas trouver le temps ; on ne pense même pas à le faire ; on a pris l'habitude de vivre ainsi, et « on ne s'en trouve pas plus mal ». La saleté s'accumule de jour en jour ; elle pénètre tous les parquets, toutes les murailles ; le bateau entier est imprégné de saumure et d'humidité. Seule, la cale où on loge la morue est l'objet de tous les égards et de toutes les sollicitudes.

Cette question de la mauvaise tenue des navires et des inconvénients qui peuvent en résulter pour la santé générale a attiré de tout temps l'attention des commandants et des médecins-majors des bâtiments de guerre chargés de la surveillance de la flottille. En 1896, le ministre de la marine décida que chaque année une certaine somme serait affectée par son déparment à la distribution de primes de propreté à ceux des capitaines dont les bateaux auraient été signalés comme ayant été les mieux tenus : deux cents francs pour une très bonne tenue, cent francs pour une bonne, une prime unique de cinq cents francs étant décernée au capitaine qui l'aurait sensiblement emportée sur les autres. A la suite de cette mesure il a semblé qu'un progrès avait été fait ; l'avenir démontrera si ce progrès est sérieux. Le docteur Sisco pouvait écrire dans son *Rapport médical de la campagne de* 1896 : « Un progrès sensible a été constaté dans l'entretien de beaucoup de navires de pêche cette année. Bien que la presque certitude de rencontrer le stationnaire de l'État à une époque déterminée et en un endroit connu ait permis à nos capitaines de parer leurs bâtiments en vue de cette sorte d'inspection générale, il ne faut pas moins louer et encourager ceux qui ont eu l'énergie de sortir, ne fût-ce qu'un seul jour, de leur insouciance séculaire qui s'abritait jusqu'à présent derrière l'excuse chimérique des nécessités du labeur incessant de la pêche. En toutes choses c'est le premier pas qui coûte, et pour peu que les commandants à venir tiennent la main à la continuation de l'œuvre commencée, peut-être nous sera-t-il donné un jour d'admirer en Islande de superbes bâtiments à voiles, qu'on prendra de loin pour des yachts de plaisance, comme cela nous est arrivé avec des goélettes de pêche américaines à Terre-Neuve, et qui seront simplement nos Paimpolais et nos Dunkerquois avantageusement transformés. »

On peut douter que nous soyons jamais les témoins d'une telle transformation, mais certainement l'institution de ces primes de propreté est une excellente mesure. Les armateurs, à bon escient incrédules, n'en parlent qu'en
souriant, mais beaucoup de capitaines sont stimulés par cette récompense
qu'ils croient capable de les faire valoir dans les ports. On pourrait citer
tel capitaine de Binic qui, en 1897, appelait lui-même l'attention sur les
efforts mis en œuvre pour tenir son navire en bon état et ne cachait pas son
grand désir d'être proposé pour une prime.

Pour la saison de 1897, le ministre a décerné onze primes qui ont été
obtenues par quatre navires de Dunkerque, un de Gravelines et six des ports
bretons.

Il faut signaler enfin une disposition heureuse qui n'existe que sur les
navires de Paimpol : le pont du navire est recouvert d'un soufflage qu'on
change tous les ans ou tous les deux ans, ce qui le protège contre l'usure et
contre la pénétration de la saleté ; il serait à désirer que ce système de protection fût adopté par tous les navires.

Cet aperçu d'ensemble sur l'état général du navire laisse aisément
deviner ce que doit être le poste de l'équipage. « Les bœrs islandais eux-
mêmes, pourrait encore aujourd'hui écrire Delpeuch [1], ces sortes de tanières
immondes, où bêtes et gens passent l'hiver littéralement pressés les uns
contre les autres, sont des gîtes presque confortables en comparaison des
logements réservés à l'équipage sur les goélettes de pêche. » Et là on fait
tout : on mange, on boit, on fume, on dort, on fait sécher ses vêtements ;
on y prépare même les repas sur les Dunkerquois, qui n'ont pas, comme les
Paimpolais, leur cuisine sur le pont.

Le poste occupe, nous l'avons déjà dit, la partie la plus avant du
bateau dont il épouse les formes effilées. Un seul panneau étroit y donne
accès : c'est dire que l'air et la lumière y sont très parcimonieusement
distribués.

[1] *Notes et observations recueillies dans le cours d'un voyage au nord de l'Europe*, 1868.

Au milieu, une table l'occupe presque en entier, laissant une place juste suffisante pour le passage ; à une des extrémités un poêle est constamment tenu allumé, tant pour réchauffer l'air que pour sécher les vêtements mouillés qu'on voit accrochés partout.

De chaque côté, contre les murailles, sur deux rangées superposées, sont les couchettes que les hommes appellent leurs « cabanes ». Chacune d'elles est réservée à deux pêcheurs, qui reposent là sur une vulgaire pail-lasse, quelquefois simplement sur de la paille qu'on ne renouvelle pas trop souvent, dormant tout habillés, sans même toujours enlever les lourdes bottes, car les heures de sommeil sont comptées, et il ne faut pas perdre son temps à se débarrasser de ses vêtements et à les remettre. Au lieu de ressembler aux couchettes qu'on voit habituellement sur les navires et qui sont complètement ouvertes du côté de l'intérieur, ce sont, à bord des goélettes bretonnes, des armoires fermées de toutes parts et percées sim-plement d'un trou juste assez grand pour que l'homme puisse y entrer ou en sortir.

Au pied des couchettes chacun a son coffre en bois qui lui sert à loger ses affaires et remplit en même temps l'office de banc.

L'éclairage est sommaire ; une seule lampe alimentée à l'huile de foie de morue est allumée presque sans interruption.

Là comme ailleurs la malpropreté est portée à son maximum ; à côté d'elle, ce qui se remarque le plus, c'est l'exiguïté, le confinement et l'humi-dité. La fumée échappée du poêle, souvent très épaisse, celle des pipes, la vapeur qui se dégage des vêtements mouillés, tout contribue à vicier un air dont la quantité est bien restreinte déjà. De plus, le seul panneau don-nant sur le pont est presque toujours fermé, tant pour combattre le froid, que pour donner un peu l'illusion de la nuit dans ces mers où le jour est perpétuel. Si « l'haleine de l'homme est un poison pour l'homme », suivant le mot de J.-J. Rousseau, c'est bien ici qu'elle doit exercer son action malfaisante.

Il n'est guère permis de demander pour le poste de l'équipage un plus grand emplacement ; ce serait à coup sûr une amélioration éminemment utile, mais cette augmentation ne pourrait se faire qu'au détriment de la cale de chargement, et les gens compétents affirment qu'il vaut mieux ne pas donner aux goélettes des dimensions plus grandes, leur tonnage actuel et, par conséquent, leurs dimensions étant ceux qui sont le mieux appropriés à leur genre de navigation. Mais, si l'air doit y être forcément restreint et difficilement renouvelé, du moins il serait à désirer qu'il ne fût pas vicié par des émanations méphitiques. Les capitaines ne sauraient trop tenir la main au bon entretien de ce local; mais, quelque zèle et quelque autorité qu'ils déploient dans ce but, ils ne sont sans doute pas capables d'arriver jamais à un résultat complet. Il ne suffit pas qu'on cherche à assurer aux hommes la propreté de leur logement, il faut surtout que ceux-ci veuillent cette propreté, qu'ils en sentent le besoin, qu'ils en apprécient les avantages; or cela n'est pas dans le tempérament de nos pêcheurs d'Islande.

Au moins ceux qui ont la charge de l'aménagement de ces postes devraient y introduire certaines modifications dont l'influence sur l'hygiène serait très grande et qu'il est on ne peut plus simple de réaliser.

Et tout d'abord, au nom des règles les plus élémentaires de l'hygiène, de la discipline et même de la morale, il faudrait modifier cette cloison intérieure percée d'un simple orifice de pénétration et qui transforme la couchette des navires bretons en un sépulcre ou une tanière. Comment avec une telle disposition en faire un nettoyage même sommaire, et à plus forte raison en pratiquer au besoin la désinfection? Comment y exercer une certaine surveillance, bien utile cependant, car cette couchette est en même temps une couchette et une armoire où on trouve de tout, vêtements, provisions de bouche et surtout alcool introduit en fraude ou sagement économisé en vue des grandes soûleries futures? Comment enfin y soigner un malade, y introduire ou en extraire un blessé? Nous verrons plus loin que la fièvre typhoïde apparaît très souvent à bord des navires au cours de la première saison de pêche; en ce cas, il arrive presque fatalement que l'homme qui est frappé le premier communique la maladie à celui qui partage sa cabane. Tous les hommes interrogés à ce sujet déclarent que les pêcheurs tiennent formellement à cette disposition; outre qu'ainsi emprisonnés ils sont mieux garantis du froid, ils veulent pouvoir s'isoler le plus possible du poste où l'on cause et où l'on fume, et ils ferment même avec un morceau de toile l'étroite ouverture qui pourrait leur apporter un peu d'air. Ce besoin de s'isoler se retrouve encore chez les Dunkerquois, mais avec une disposition plus intelligemment comprise ; la couchette peut être complètement fermée par deux portes à glissières, mais au moins, de cette manière, en dehors des heures de sommeil, elle peut être aérée et le nettoyage comme la surveillance en sont des plus faciles. Les constructeurs de Bretagne feraient sagement d'adopter cette manière de faire.

Par contre, aux armateurs du département du Nord, on ne saurait trop conseiller de placer leurs cuisines sur le pont, à l'imitation de ceux de la baie de Saint-Brieuc, et de dégager ainsi le poste de l'équipage qui ne peut que souffrir de la présence des fourneaux.

Il y a enfin un intérêt majeur à en rendre imperméables le plancher et les parois pour les protéger contre l'humidité, qui en peu d'années a tellement pénétré partout, qu'on ne peut plus songer à la faire disparaître. Pour les parquets, il n'y aurait qu'à les coaltarer et à les recouvrir d'un soufflage qu'on changerait au retour de chaque campagne; pour les murailles, à remplacer le badigeonnage à la chaux, soit par une peinture à l'huile avec vernis permettant de les laver de temps en temps, en employant bien entendu les peintures à base de zinc, à l'exclusion de celles de plomb, soit en additionnant le lait de chaux d'une colle à la gélatine suivant la formule en usage dans nos casernes. D'ailleurs, elles ne manquent pas dans l'industrie les peintures qui donnent aux murailles l'aspect de la porcelaine et de l'émail, rendent le bois imperméable et se lavent avec une extrême facilité.

Il nous semble que ces desiderata sont modestes et que les modifications proposées sont faciles à accomplir. Elles ne comportent que des choses possibles qui n'entraînent aucun changement dans la disposition du navire et ne touchent en rien à la cale, cette partie du bord qui est l'objet de tant de respect. En les adoptant, les armateurs diminueraient considérablement sur leurs navires l'humidité et le méphitisme, qui en sont deux grands fléaux, car, suivant l'expression de Fonssagrives, « l'homme et les moisissures ne vont pas ensemble ; celui-là dépérit où celles-ci prospèrent . »

Pour leur costume, les pêcheurs sont absolument indifférents à tout ce qui pourrait rappeler, nous ne dirons pas l'élégance, mais même la propreté la plus élémentaire. Et cependant la question du vêtement est certainement celle qui prête le moins à la critique.

Il n'est pas possible de vivre des journées entières sur le pont, exposé au froid, au vent et à la pluie, au milieu de l'eau qui ruisselle des lignes, si l'on n'est pas parfaitement gréé et muni de vêtements imperméables. Aussi, être vêtus chaudement, et de façon à se mouiller le moins possible, telle est l'unique préoccupation des pêcheurs.

Quant aux moyens employés pour obtenir ce résultat, inutile d'essayer de décrire les costumes hétéroclites, faits de pièces et de morceaux disparates, assortis au gré du hasard, goudronnés, graisseux, constituant un ensemble déguenillé et d'aspect misérable.

Tous les pêcheurs ont comme linge de corps des gilets de flanelle, des tricots, des bas et des caleçons de laine, des pantalons et des vestes en gros molleton, des bonnets à oreilles ; pour la pêche ou contre la pluie, des cirés complets, imperméables qu'ils recouvrent encore d'un long et large tablier de même nature. Comme chaussures, de longues bottes en cuir qui remontent jusqu'au-dessus du genou.

Les mains, qu'un contact direct et incessant avec la ligne mouillée pourrait blesser à la longue, sont protégées par des bourrelets en étoffe ou par des moufles en laine ou en tricot, ordinairement doublées en cuir sur la partie intérieure, de façon à ne pas être trop rapidement mises hors de service par le frottement. Les poignets sont entourés de larges bracelets en cuir qui s'opposent tant bien que mal à l'infiltration de l'eau salée sous les manches.

C'est parfait comme qualité, mais la quantité fait souvent défaut, et beaucoup d'hommes n'ont pas assez de rechanges. D'ailleurs, dans la pratique, on ne se déshabille que rarement au cours de la campagne ; le quart fini, on se débarrasse des vêtements cirés qu'on accroche en un coin du poste ou qu'on met au sec dans les haubans les jours de soleil et on s'étend tout habillé sur sa couchette ; on n'enlève même pas toujours les bottes. Le lavage du linge est une chose presque inconnue à bord, et dans toute la saison, qui se prolonge six mois, la plupart ne le blanchissent qu'une seule fois, pendant le séjour en baies, aux cascades qui tombent de la montagne.

Cela laisse supposer déjà que la propreté corporelle doit être entièrement ignorée ; on pourrait dire du pêcheur : « Il ne se lave que quand il tombe à l'eau. » Bien rarement le médecin ne découvre de malade qui ne soit recouvert d'une crasse épaisse autant qu'inamovible. Aussi la vermine a-t-elle droit de cité sur certains navires.

Pour beaucoup, on peut dire que la malpropreté est dans le sang ; c'est une question de race ; les officiers savent quelle peine on a sur les navires de guerre à inculquer aux jeunes Bretons qui arrivent au service les notions les plus élémentaires de propreté. Mais, dans l'espèce, toute la faute n'en est pas à l'homme, et la plus lourde part en revient à l'armement. On ne renouvelle pas l'eau assez souvent et, comme conséquence, on ne donne pas à l'équipage l'eau qui serait nécessaire pour ses ablutions et pour l'entretien de ses affaires. L'eau douce est une chose sacrée à bord. On n'en embarque au départ que huit tonneaux (huit mille litres). Si donc on remarque que pour les Paimpolais, par exemple, la campagne commence au 20 février et que la première entrée en baie ne s'effectue que du 1ᵉʳ au 10 mai, on se rend compte que cet approvisionnement doit durer soixante-quinze jours en moyenne, ce qui ne fait guère pour des équipages de vingt-cinq hommes qu'un peu plus de quatre litres par homme et par jour. C'est-à-dire que cette quantité est juste suffisante pour la cuisine et la boisson. Aussi est-il expressément défendu d'y toucher ; la faire servir pour toute autre destination serait la profaner, d'où jamais de lavage de linge, jamais de propreté corporelle.

La nourriture n'est ni délicate ni variée, et le matelot ou le jeune mousse qui a la charge de la cuisine n'a pas besoin d'un long apprentissage pour arriver à bien confectionner les mets de l'équipage. Régulièrement, la ration de la marine marchande doit être basée sur celle de la marine de l'État, mais, dans la pratique, et dans cette navigation d'Islande en particulier, que d'écarts, que de différences !

En partant de France, on emporte du pain frais pour huit jours, un peu de viande et quelques légumes. En campagne, le biscuit remplace le pain, et on ne mange plus de viande que dans la relâche en baie, où presque tous les capitaines font l'acquisition d'un morceau de bœuf ou d'un mouton vivant.

Les marins, habitués au biscuit, finissent par ne regarder le pain que comme un aliment de luxe, très désirable évidemment, mais dont on peut se passer ; néanmoins c'est là un extra qu'on devrait leur offrir de temps en temps. Le biscuit est un aliment indigeste, et son usage ininterrompu n'est pas étranger certainement à ces embarras gastro-intestinaux si communs vers la fin de la campagne : la « diarrhée du biscuit » est connue depuis longtemps tant dans la marine que dans l'armée. Les séjours en baie devraient être, comme pour la viande, l'occasion de délivrance de pain. Les boulangers ne manquent pas en Islande, au moins dans certaines baies ; ils n'emploient pas toujours la farine de froment, mais il n'y aurait qu'à la leur fournir et, moyennant une légère rétribution, ils se chargeraient de la transformer en pain ; il suffirait donc que chaque goélette, dans ses provisions de campagne, eût un baril de farine affecté à cette destination.

Le matin, au lever, un premier repas est composé exclusivement de café. Le dîner a lieu à midi, le souper vers six heures : le menu est d'une désolante monotonie.

Pour les Paimpolais, c'est toujours la soupe au lard à midi, et le soir la soupe à la graisse, à laquelle on ajoute les têtes de morue qu'on a pêchées. Le vendredi, la soupe de lard est même remplacée par la soupe de poisson. Aucun autre aliment ne vient changer cet ordinaire, ni les conserves en boîtes qui remplacent très bien le bœuf frais, ni même le fayol, cette viande du travailleur pauvre, habituellement si connue de l'homme de mer.

Les Dunkerquois, en revanche, ne mangent que très rarement du lard ; ils ont des fayols deux fois par semaine ; les autres repas se composent de pommes de terre, de pois cassés, de poisson. Il semble que quelques capitaines doivent beaucoup trop escompter les têtes de morues qu'ils prendront, lorsqu'ils font avant le départ leurs provisions de vivres pour la campagne ; tel celui de ce navire dunkerquois qui, dès le mois de juin, étant resté quinze jours sans rien pêcher, exprimait ses craintes de manquer avant peu de vivres.

Tous les navires sont au départ largement approvisionnés de pommes de terre, et ils réussissent à en conserver pendant près de trois mois. On possède aussi quelques légumes verts conservés dans le vinaigre ou dans le sel et qu'on incorpore à la soupe. C'est là une chose excellente, à laquelle il faut incontestablement attribuer la rareté du scorbut à notre époque.

La ration de biscuit n'est pas limitée, et on le laisse à la libre disposition de l'équipage. Chaque homme reçoit en outre une provision de beurre qui est d'environ un kilogramme par mois et qui lui sert le plus souvent à faire cuire entre les repas le poisson autre que la morue qui s'est laissé prendre par son hameçon, car pour la morue l'interdiction d'en manger est absolue à bord des goélettes.

Les armateurs de Dunkerque donnent enfin à leurs hommes une tête de fromage pour deux et pour toute la campagne, et quelques-uns mettent à bord en vue de la célébration de la fête nationale deux jambons et un petit approvisionnement de farine destiné à confectionner des puddings.

La qualité des vivres doit être satisfaisante, car on n'entend pas trop les équipages exprimer de doléances à cet égard. Mais il serait à souhaiter que le régime fût un peu plus varié aussi bien chez les uns que chez les autres.

La plupart des pêcheurs emportent encore avec eux quelques provisions personnelles, qui consistent principalement en beurre, œufs ou fromage.

Mais il faut signaler une lacune des plus regrettables : c'est l'absence de tout vivre de malades. Chaque armateur met bien à son bord une provision d'œufs qui sont surtout affectés à cette destination, mais combien arrivent à se conserver jusqu'au jour où on en a besoin ? Lorsqu'un homme subit sur son bateau une fièvre typhoïde (et le cas est fréquent), il doit se contenter, comme ses camarades bien portants, de la soupe au lard ou aux têtes de morues. Il serait nécessaire que chaque capitaine emportât avec lui une certaine provision de lait concentré qui lui serait d'un bien grand secours en pareille occurrence.

L'eau est conservée dans des barriques. La disposition du navire et l'exiguïté des locaux ne permettent pas d'avoir des caisses à eau en tôle qui offriraient plus de garanties pour sa conservation. De plus, à la fin de la campagne, au fur et à mesure de la consommation, les barriques ont l'avantage de pouvoir être utilisées pour rapporter des rogues et des foies de morue. Chaque année l'armateur les renouvelle, mais ce sont rarement des barriques neuves qu'il achète, et on ne saurait affirmer que le nettoyage minutieux qu'on leur fait subir soit toujours suffisant.

L'eau prise dans les ports de France paraît être souvent de qualité douteuse, ce qui n'est sans doute pas étranger aux cas de fièvre typhoïde qui éclatent invariablement chaque année sur plusieurs navires. Certains puits fournissent de l'eau dangereuse; de plus, on ne surveille pas suffisamment les hommes qui vont remplir les barils et qui pour aller plus vite doivent plus d'une fois prendre la première qu'ils trouvent sur leur chemin, sans s'inquiéter de ce qu'elle vaut; c'est ainsi que l'on peut s'expliquer comment certaine eau mise à bord contient des traces de savon et en présente le goût caractéristique. Est-ce la faute des barriques ou de leur contenu? « Cette année[1], j'ai vu sur plusieurs navires de Paimpol (et de Paimpol exclusivement) de l'eau véritablement nauséabonde. » (Dr Chastang.)

Celle que fournissent les nombreuses cascades dans les fjords et qui provient de la fonte des neiges paraît très saine. Elle laisse bien déposer de la terre en assez grande abondance, mais son goût est agréable et elle ne fatigue pas l'estomac. Il y a cependant une réserve à faire : il est évident qu'il vaut mieux ne pas s'approvisionner aux ruisseaux qui coulent le long des habitations et qui sont sujets à recevoir toutes les déjections, non plus

---

[1] 1898.

qu'à ceux qui, lorsque la saison s'avance, ne coulent plus qu'en un mince filet et peuvent contenir plus d'impuretés. Il n'est pas rare, dans ces cas-là, de voir un équipage qui a consommé une telle eau lui attribuer quelques coliques ou un peu de diarrhée, mais on ne cite pas un seul cas de fièvre typhoïde qui lui soit attribuable.

Plusieurs médecins-majors de la station d'Islande ont craint qu'elle ne serve de véhicule aux œufs du terrible « ténia échinocoque » si répandu dans le pays, et une circulaire du ministre de la marine a recommandé, il y a quelques années, de n'en jamais délivrer comme boisson aux équipages des navires de guerre sans la faire préalablement bouillir; mais il n'est pas d'exemple authentique de kyste hydatique rapporté par un seul de nos pêcheurs.

Pendant la première pêche, les Paimpolais ont trois quarts de vin par jour (c'est-à-dire soixante-quinze centilitres), deux au repas de midi, un le soir. Plus tard, lorsque la saison est un peu avancée, un des quarts de vin est remplacé par un litre de cidre. Le vin est ordinairement bon, ou du moins le pêcheur peu exigeant en la matière le trouve tel; mais il est rare qu'on puisse en dire autant du cidre, qui est presque toujours mauvais.

A bord des navires de Gravelines et de Dunkerque, la bière délivrée à discrétion remplace le cidre et le vin; celui-ci n'est donné que dans les grandes circonstances ou comme conséquence d'une pêche particulièrement heureuse.

Mais en outre de tout ce qu'on peut reprocher aux vivres ou aux boissons comme insuffisance, il leur manque aussi la variété ou la qualité; on supplée par la délivrance *larga manu* d'eau-de-vie qui calme tout mécontentement, empêche toute plainte, et modère même les appétits trop vigoureux. Cette eau-de-vie est un fléau dans la pêche d'Islande, et l'alcoolisme est la plaie du pêcheur. Aussi cette question, d'une haute importance sociale, nous paraît-elle mériter quelque développement.

En dehors de la provision journalière de bière, de cidre et de vin qui représente déjà une certaine quantité d'alcool, le pêcheur a droit à une ration quotidienne de vingt centilitres d'eau-de-vie. Récemment encore cette ration était même de vingt-cinq centilitres, et ce n'est que depuis 1897 que, sur l'ordre du ministre de la marine, elle a été réduite de cinq centilitres. Quand cette décision fut prise, des plaintes nombreuses se sont fait entendre ; des équipages ont protesté, deux ou trois même ont menacé de ne pas partir ; les armateurs se sont empressés de transmettre les plaintes de leurs hommes ; la presse et la représentation locales ont joint leurs efforts à ceux des armateurs; mais la mesure avait été mûrement étudiée, et le ministre l'a maintenue avec énergie.

Mais cette réduction est-elle suffisante ? Telle qu'elle est réglée actuellement, la ration d'alcool est-elle bien, ainsi qu'on semble le croire dans certains milieux, indispensable pour le pêcheur qui exerce son métier dans des régions froides et brumeuses ? N'est-elle pas encore, et de beaucoup, exagérée, et ne peut-elle avoir tant sur la santé actuelle ou future de l'homme que sur les résultats de sa campagne une influence fâcheuse ? N'existe-t-il pas pour lui d'autre moyen plus efficace et plus inoffensif de lutter contre les vicissitudes atmosphériques?

Dans cette question, il faut donner raison à ceux qui souhaitent une nouvelle réduction du chiffre de la ration, considérant le taux actuel comme nuisible pour la santé de chacun, dangereux pour la sécurité de tous, néfaste et inquiétante pour l'avenir de l'homme et pour sa descendance, sans que par ailleurs l'alcool possède les vertus que les intéressés lui attribuent.

L'un des premiers reproches que l'on doive adresser à l'alcool, et des plus importants, est tiré de sa qualité. A vingt centilitres la ration serait trop élevée déjà pour une eau-de-vie de bonne qualité, et l'absorption régulière en serait probablement dangereuse. Que dire alors de ces eaux-de-vie qui sont données aux équipages des goélettes et qui sont des eaux-de-vie de grains qui n'ont subi aucune rectification ou seulement une rectification sommaire, dont le prix de revient oscille entre quatorze et dix-huit francs l'hectolitre, atteignant rarement vingt-quatre ou vingt-huit francs, mais descendant dans certains cas à douze francs, alors qu'il faut citer comme une exception unique un armateur breton qui ne donne à ses équipages que de la *fine* à cinquante francs ?

Or, au point de vue scientifique, tous les alcools de commerce sont des poisons, et leur action nocive est en rapport avec leur origine et leur degré de pureté (Dujardin-Beaumetz et Audigé). Dans un remarquable rapport présenté au Sénat en 1887, M. Claude a pu avec juste raison jeter ce cri d'alarme : « La nocivité de l'alcool d'industrie, scientifiquement reconnue, constitue un véritable péril social qui va chaque jour s'aggravant. »

Déjà dangereuses par elles-mêmes, ces eaux-de-vie le deviennent beaucoup plus encore par les substances nuisibles que l'industrie y a ajoutées pour leur donner de la force ou du goût. On se rappelle qu'à Rouen, il y a quelques années, la police fit saisir dans les débits trente-cinq échantillons de ces eaux-de-vie à bon marché et que l'analyse révéla la présence d'acide sulfurique dans vingt et un et d'acide acétique dans cinq. C'est l'ingestion d'une forte quantité d'eau-de-vie de cette nature qui occasionna la mort presque foudroyante d'un jeune marin, vigoureux et bien portant, qui, au cours d'une crise d'ivresse, fut pris d'un vomissement de sang suivi de mort ; il y avait eu évidemment ulcération par l'alcool de l'estomac au niveau d'un vaisseau.

En outre, la ration des pêcheurs, de vingt centilitres en théorie, est bien plus élevée dans la réalité. D'abord, les provisions embarquées à l'armement sont calculées pour une absence de sept mois, alors que la campagne en dure six au maximum ; et comme les capitaines s'en voudraient de rapporter des économies de cette nature, tout doit se boire au cours de la navigation, ce qui augmente déjà la consommation de un septième au moins. Puis à ces chiffres se joignent ceux des boissons introduites à bord en contrebande avec ou sans l'assentiment des agents chargés de surveiller l'embarquement des marchandises en France, ceux du whisky, que les pêcheurs se procurent à terre en échangeant avec les habitants du pays tout ce qui leur tombe sous la main, biscuit, sel, linges, hameçons, etc., et enfin ceux des provisions que les navires chasseurs apportent aux équipages bretons au cours de la campagne. La quantité d'alcool qui leur arrive par cette der-

12

nière voie au mépris de toute réglementation est plus élevée qu'on ne saurait le croire; l'armateur est trop souvent le premier à enfreindre la défense; puis chaque famille envoie aux siens un panier ou une caisse contenant du beurre ou des œufs frais, mais presque toujours une bouteille d'eau-de-vie, de vermout ou de bitter; la douane ne songe jamais à contrôler ces petits envois peu volumineux, et le jour où ils parviennent à destination est un jour de grande soûlerie où le capitaine n'a pas trop de services à attendre de ses hommes.

Le pêcheur en arrive ainsi, au terme de sa campagne, à avoir absorbé par jour une quantité véritablement inouïe d'alcool de la pire nature. Mais grâce à cela, en mangeant peu et mal, il consent à faire sans récrimination les travaux les plus pénibles; s'il a un moment de faiblesse ou de découragement, le coup de fouet vient le réveiller et le ranimer de suite. Qu'on ne s'étonne pas qu'il vieillisse vite, et on se demande, dans le cas où on voudrait arriver à dégénérer une race, si on pourrait vraiment trouver un moyen plus certain ou une recette plus efficace.

Enfin, l'alcool est d'autant plus nuisible qu'il est ordinairement mal bu et trop souvent absorbé à jeun. La plupart des capitaines, pour simplifier le service, distribuent aux hommes leur ration de la journée en une seule fois le matin, alors qu'il serait plus logique de la fractionner; ils s'excusent en alléguant qu'agir autrement entraînerait une perte de temps, qu'ils ne pourraient le faire sans être assistés d'un homme, et que les hommes, même les officiers, étant payés à la pièce, se refusent à ce service qui les éloignerait un certain temps de la pêche. Cette raison n'en est pas une, et il serait facile d'imposer cette corvée à chaque homme à tour de rôle, de même que sur les navires des ports du Nord chacun à son tour est distrait de la pêche pour être chargé de la cuisine.

Sur cette question de la ration d'alcool, les armateurs font généralement les mêmes objections, qui peuvent se résumer ainsi :

1° L'alcool est une chose nécessaire pour les pêcheurs; seul, il leur permet de lutter avec efficacité contre les rigueurs du froid, les assauts de la mer et les fatigues du métier; il les réchauffe, les remonte, les nourrit même ; il est bien moins nuisible sous ces latitudes que dans nos climats ;

2° Qu'on diminue encore la ration d'alcool, et c'en est fait de notre industrie ; nous ne trouverons plus de pêcheurs.

La première de ces objections constitue un préjugé malheureusement trop répandu et contre lequel tout proteste, et l'observation attentive des faits, et l'expérience de ceux qui ont à vivre et à travailler dans les régions froides ; elle est une erreur scientifique qu'on ne saurait trop réfuter.

Lorsque l'homme vient d'ingérer un verre d'alcool, il éprouve une sensation de chaleur intérieure et comme une excitation ; il lui semble que la fatigue se dissipe et qu'il a plus de force au travail. Si ce verre d'alcool reste isolé et s'il est absorbé après un repas, tout va bien. Mais que la dose soit plus forte, que les absorptions se répètent ou que l'individu soit à jeun, alors les phénomènes observés auront une durée éphémère, et une réaction en sens inverse ne tardera pas à se produire ; à cette force d'un moment succédera la faiblesse, à l'excitation l'ébranlement nerveux, à la chaleur le refroidissement. L'homme ignorant croit que l'alcool réchauffe, parce qu'en traversant les premières voies il donne une sensation de chaleur ; mais c'est là de la brûlure plutôt que de la chaleur, qui, elle, résulte exclusivement des combustions intimes opérées dans les tissus. En fin de compte, l'alcool ne réchauffe pas, mais au contraire il refroidit. Le fait est bien connu dans les pays froids, et, au Canada notamment, chacun sait que l'alcool pris en grande quantité en hiver tend à diminuer la chaleur du corps et rend ainsi l'homme plus sensible au froid.

La force qui suit l'absorption de l'alcool est d'aussi courte durée que la chaleur. L'alcool est un coup de fouet qui ne peut qu'exciter pour un moment sans donner aucune énergie durable. En réalité, il paralyse les centres nerveux qui sont les régulateurs de toutes les fonctions de l'économie. Il met en action la force emmagasinée en réserve dans le corps ; mais cette force-là dépensée, il n'en crée pas de nouvelle. Aussi après l'excitation du premier moment apparaît une période de fatigue qui est en raison directe de la force gaspillée. Les médecins militaires remarquent tous les jours que les soldats qui sont des habitués de la cantine ou qui boivent de l'eau-de-vie avant de faire une étape résistent beaucoup moins que les autres à la fatigue et fournissent une plus grosse proportion de traînards.

L'alcool enfin n'est pas un aliment; il ne renferme aucun principe capable de réparer les pertes de l'organisme. Les boissons fermentées elles-mêmes, contrairement à une croyance répandue, ne sont que très peu nutritives. Vaslet, notamment, affirme qu'un morceau de pain de deux cents grammes est infiniment plus nourrissant que trois ou quatre litres de la meilleure bière, et le professeur Forel (de Zurich) conteste également que l'alcool ait des propriétés alimentaires.

Voilà ce qu'on ne saurait trop répéter aux défenseurs quand même de l'alcool, en ajoutant qu'il a par contre, dans les pays froids, des inconvénients et des dangers particuliers. Ici l'homme qui abuse tant soit peu de la boisson est menacé à tout moment, parce que la boisson arrive à produire une congestion chronique de tous les organes que le froid augmente et aggrave de son côté. L'alcool favorise la congélation des membres, et lorsque plusieurs individus sont soumis au même froid, ce sont les plus sobres qui résistent le mieux. Larrey l'a bien consigné dans ses relations de la retraite de Russie. Les faits ne manquent pas pour démontrer que toutes ces assertions ne sont pas des conceptions théoriques, mais le résultat d'observations nombreuses. Les bons guides des montagnes, les grands ascensionnistes évitent de prendre de l'alcool; les religieux du mont Saint-Bernard ne donnent que du café à prendre à leurs voyageurs; les capitaines qui vont en expédition dans les mers glacées n'en distribuent qu'exceptionnellement et à doses faibles à leurs équipages. Fridtjof Nansen, à bord du *Fram,* donnait comme boisson à son personnel du thé, du café ou du chocolat; un bol de punch les jours de grandes fêtes seulement; et plus tard, lorsqu'on eut laissé le navire pour aller à la recherche du pôle, il délivrait comme extras de luxe soit des grogs au jus de citron, soit une tasse d'eau chaude dans laquelle on faisait dissoudre de la poudre de lait, « boisson qui réchauffait tout le corps ».

En admettant qu'il se présente au cours de la campagne d'Islande telles circonstances de temps et de mer dans lesquelles il ne semble pas exagéré de donner à chaque homme vingt centilitres d'eau-de-vie dans la journée, du moins on peut faire remarquer, avec le commandant Houette[1], que ces circonstances doivent être en somme exceptionnelles, et qu'on ne saurait les mettre en avant pour établir une règle. Il serait du reste très juste que ces cas-là fussent prévus et qu'une certaine latitude fût laissée alors aux capitaines pour faire une distribution exceptionnelle.

Mais, dans les conditions normales, la ration est trop forte, et ce qui le prouve c'est que les hommes ne la boivent pas régulièrement et surtout qu'ils ne la boivent pas, comme on pourrait le supposer, au cours des heures de travail et de fatigue. M. le Dr Chastang a fait à cet égard une enquête longue, patiente et surtout discrète, et a pu se rendre un compte assez exact de l'existence du pêcheur à bord. Eh bien, dans la grande généralité des cas, après des heures de pêche prolongée, après de grandes fatigues, pour réparer ses forces, l'homme se jette avant tout sur la caisse de biscuit toujours ouverte et laissée librement à sa disposition ; peut-être boira-t-il un peu d'alcool, mais c'est surtout le matin après la distribution qu'il en absorbera le plus.

Ce qui le prouve encore, c'est que les pêcheurs ne consomment pas en entier leur ration de chaque jour et qu'ils conservent avec soin des économies dans leurs paillasses pour pouvoir, le cas échéant, satisfaire la honteuse passion, l'impérieux besoin de l'ivrognerie. On veut pouvoir faire la fête avec les camarades qu'on rencontrera en baie.

Ces arrivées et ces séjours en baie sont en effet marqués par des excès regrettables et des scènes souvent peu édifiantes. Les exemples en sont constants. Et les Dunkerquois aussi bien que les Bretons, et chacun dans leur genre un peu différent, rivalisent pour laisser d'eux aux Islandais, au point de vue de la sobriété, la plus déplorable réputation.

Le Paimpolais se met au travail aussitôt que le bâtiment est mouillé et que les voiles sont serrées. Mais, le soir arrivé, le petit canot est à la disposition de l'équipage ; toute la nuit, on assiste aux allées et venues de bateau en bateau de marins ivres et, comme l'écrivait si justement le Dr Sisco,

---

[1] Rapport sur la station d'Islande en 1896.

« les vallons solitaires du fjord, ordinairement animés par le seul cri des goélands, retentissent alors étonnés de chansons d'ivrognes ». Aussi dans la flotte de Paimpol ce petit canot n'est-il connu que sous le nom de *porte-ivrognes*. A partir de ce moment et jusqu'au départ, tout le monde sera sous une douce pression. Les capitaines se déclarent impuissants à empêcher ces abus ; pourvu qu'ils soient en état de travailler pendant la journée, peu importe ce que leurs hommes feront pendant la nuit.

A bord des Dunkerquois, les choses se passent un peu différemment. Ici, l'ivrognerie est reconnue comme un besoin et autorisée par le capitaine ; dans les vingt-quatre heures qui suivent l'arrivée en baie, celui-ci n'exigera rien de ses hommes ; il leur donnera lui-même l'alcool qui aura été économisé au cours de la première pêche ; libre à eux d'en faire tel usage qu'ils voudront, pourvu qu'après ce laps de temps ils reprennent le travail et soient toujours en état de faire ce qu'on leur demandera. De même, la dernière journée de séjour en rade appartient à l'équipage, qui en dispose à son gré.

Mais malheureusement trop souvent on n'attend pas le moment de venir en baie pour se livrer à des excès et on s'enivre à la mer, alors qu'on aurait besoin de tout son sang-froid. Un ancien commissaire du quartier de Paimpol, dans un travail consciencieux, recherchant en 1893 pour son quartier les causes probables des sinistres, incrimine entre autres l'ivrognerie. Ce facteur de malheurs est incontestable pour d'autres observateurs. « Il est pour moi hors de doute, écrit le commandant Houette, que la plus grande partie des avaries faites en mer provient de ce que, lorsqu'il fait mauvais, pour mieux lutter contre le mauvais temps, on augmente la ration d'eau-de-vie ; » et il ajoute : « Toute mesure qui tendra de plus en plus à diminuer la ration d'alcool sera un bienfait pour la flottille. »

Du moment que les hommes peuvent s'enivrer et s'enivrer souvent, c'est qu'ils ont trop d'eau-de-vie à leur disposition.

S'il faut critiquer le chiffre de la ration comme exagéré et dangereux, on doit reconnaître cependant qu'à certains moments le pêcheur a besoin de réchauffants et de stimulants. L'action stimulante et calorifique de l'alcool est factice, tandis que ses dangers sont réels, et c'est pour cela que l'hygiéniste doit le combattre, d'autant plus qu'on a sous la main pour le remplacer des denrées qui ont une tout autre efficacité sans en avoir aucun des inconvénients.

On suppléera à une diminution de la ration d'alcool de deux manières : 1° en augmentant au besoin la quantité de graisse allouée chaque jour ; 2° en délivrant les jours de mauvais temps des boissons chaudes sucrées.

L'homme qui travaille beaucoup par ses muscles perd surtout de la graisse (deux fois et demi plus qu'au repos) et du sucre, alors que la dépense en matières albuminoïdes reste la même (recherches de von Voit, de Pettenkofer, de Pfeiffer). Il est donc naturel de songer tout d'abord à la graisse alimentaire pour compenser ces pertes. C'est la substance capable de fournir au corps le plus de chaleur. « Elle est, dit Laveran, le combustible le plus riche que l'organisme puisse recevoir. » Pour Ebstein, « elle est une des substances les plus utiles à la nutrition, surtout lorsque l'homme doit être soumis à d'extrêmes fatigues. »

Quant aux boissons chaudes (café, thé ou grogs sucrés), elles constituent, tant par leur température que par leurs propriétés stimulantes et par la qualité nutritive du sucre, le moyen le plus propre de réconforter celui qui vient de travailler sous la pluie ou au froid. En Belgique, les ouvriers des mines arrivent à fournir un travail considérable en ne prenant que peu d'aliments mais en absorbant beaucoup de café. Et dans les grandes villes manufacturières d'Autriche, d'Allemagne et d'Angleterre, on a fait la remarque que l'usage des boissons fermentées et surtout des liqueurs fortes est d'autant plus restreint que la consommation du café et du thé est plus élevée.

Les boissons chaudes d'ailleurs ont déjà commencé à entrer dans la pratique en Islande. Plusieurs capitaines en ont, paraît-il, donné à leurs équipages qui ne n'en plaignent point. Leur usage commence à être apprécié de certains, et malheureusement c'est surtout du côté des armateurs que les médecins autorisés ont observé le plus d'hostilité et d'opposition à l'extension de cette mesure.

Revenons à la deuxième objection tirée de la question du recrutement des équipages. On a peur que les hommes ne veuillent plus entreprendre la campagne. On fait observer que déjà, en 1897, certains armateurs ont éprouvé quelques difficultés à constituer leurs équipages lorsque la ration fut abaissée de vingt-cinq à vingt centilitres. Mais de bons esprits se demandent s'il est bien sûr que, par derrière, ces armateurs n'aient pas poussé leurs hommes à la résistance. Ce qui est hors de doute, c'est que le jour où les marins récalcitrants (très peu nombreux en somme) ont bien compris que toutes leurs protestations seraient vaines et que la mesure était définitivement adoptée et sans retour possible, ils ont repris tranquillement leur place à bord.

Le pêcheur tient à l'eau-de-vie ; il y tient peut-être un peu par préjugé ; il y tient surtout par tempérament et parce que, pendant six mois, l'eau-de-vie sera sa seule jouissance. Il y a là une question de race et d'origine plus qu'une question de nécessité réelle, et nos Bretons comme nos Flamands, emportant à la mer leur besoin d'alcool, montrent des exigences que n'auraient dans le même milieu ni nos Méridionaux, ni nos marins du golfe de Gascogne. Et ceci est tellement vrai que l'étranger est là qui nous en donne la preuve manifeste.

A bord des navires de pêche américains (que l'on peut toujours citer comme modèles quand il s'agit de sobriété et de propreté), l'usage des spiritueux est strictement interdit, mais les hommes ont en revanche du thé et du café en abondance. Grâce à une réglementation sévère, les Américains ont réussi à faire disparaître de leurs navires pêcheurs les habitudes d'intempérance qui y faisaient des ravages et qui semblaient cependant devoir être impossibles à déraciner chez des marins appartenant à la race anglo-saxonne.

Tandis que nos pêcheurs de la mer du Nord ont eux aussi une ration exagérée d'eau-de-vie, une grande partie des Anglais qui se livrent à la même pêche dans les mêmes conditions de climat ne boivent jamais d'alcool, étant membres d'une société de tempérance.

Pourquoi ce qui est possible chez les uns ne le serait-il pas chez les autres? Tout porte à penser, au contraire, qu'on peut arriver à une solution conforme aux *desiderata* de l'hygiène, en agissant lentement et progressivement. Mais il faudrait qu'on puisse compter sur les capitaines. Les bons

capitaines ont les bons équipages. Si le capitaine a lui aussi la passion de
l'alcool, si, au lieu d'être vraiment à son bord le chef qui donne l'exemple,
il n'est que le camarade de ses hommes et boit avec eux, il est bien certain
que ce n'est pas lui qui aidera à obtenir un résultat : son bateau sera un
de ceux sur lesquels, en tout temps, on trouvera l'équipage plus ou moins
gris, même à la mer. Mais si le capitaine sait imposer son autorité et prê-
cher d'exemple, il pourra faire beaucoup de bien au point de vue qui nous
occupe, et des capitaines comme celui-là le nombre est déjà grand et ne
peut qu'augmenter chaque année ; encore faudra-t-il qu'il se sente soutenu
et encouragé par son armateur.

Loin de redouter que la diminution de la ration d'eau-de-vie n'amène
une pénurie de matelots, il faut craindre plutôt que les progrès sans
cesse croissants de l'alcoolisme ne donnent, dans quelques années, une
race de pêcheurs affaiblie et qui ne soit plus à la hauteur des exigences du
métier.

V

LES DANGERS DE LA PÊCHE

Fréquence et soudaineté des tempêtes du printemps dans les parages de l'Islande. — Imprudence des pêcheurs. — Mauvais état de quelques navires. — Moyens de sauvetage insuffisants. — Les maladies des pêcheurs. — La mortalité dans la flottille d'Islande. — La division navale française. — Les Œuvres de mer.

Dans les parages de l'Islande, les tempêtes sont fréquentes et violentes, surtout pendant les mois de février, mars et avril; elles éclatent souvent d'une façon soudaine sans que le baromètre ait pu les faire pressentir et elles occasionnent tous les ans quelques sinistres. Aussi a-t-on fréquemment agité dans les sphères officielles la question des départs prématurés, surtout après les campagnes marquées par de grandes catastrophes. A la suite des désastres qui signalèrent celle de 1839, une ordonnance interdit aux armateurs de faire partir leurs navires avant le 1ᵉʳ avril, ordonnance qui resta en vigueur jusqu'en 1863. A cette époque, sur des réclamations émanées de Boulogne et des ports bretons, le ministre autorisa, à titre d'essai, les départs à partir du 20 mars, et, la campagne s'étant accomplie sans accidents, on en revint au régime de la liberté absolue. Dans la suite, chaque fois qu'on signalait des sinistres nombreux, et notamment en 1888 et 1892, la question se posa de nouveau; des enquêtes furent faites dans les ports, mais le régime de la liberté a prévalu.

Les armateurs et les capitaines bretons firent toujours remarquer, et avec juste raison, que, si les tempêtes sont fréquentes en mars, elles ne le sont guère moins en avril[1] et que, par conséquent, si on ne laissait pas la pêche commencer avant le 1ᵉʳ avril, il n'y avait pas de raison pour ne pas reculer cette date au 1ᵉʳ mai. Le contre-amiral Fleuriais, chef du service hydrographique, chargé de faire une enquête à cet égard, conclut dans ce sens, et accusa surtout comme causes des sinistres l'imperfection de l'outillage et les défectuosités de l'armement. Les dernières années semblent donner raison aux partisans des départs libres, et les pertes en navires et en hommes sont bien moins élevées depuis que beaucoup de vieux bateaux ont cédé la place à des neufs et que des progrès ont été introduits dans l'armement.

Pendant ces deux mois de mars et d'avril, les hommes ont à subir de grandes fatigues. Pour réussir dans sa pêche, le navire doit se tenir le plus près possible de la côte, et sur la côte sud il n'y a aucun abri en cas de mauvais temps; si on s'y laisse surprendre, c'est la mort assurée. Il faut donc être toujours sur le qui-vive et prêt à laisser la ligne pour la manœuvre. C'est l'époque des accidents et des blessures graves.

Vers la fin de mai, les coups de vent se font plus rares et sont moins à redouter. Mais la température, qui dépasse rarement 6 ou 7 degrés, tombe souvent à 1 ou 2 degrés; les écarts en sont sensibles et rapides (5 à 6 degrés souvent dans l'espace de quelques heures). Les changements de temps sont brusques. On voit encore la neige tomber en juin, même en juillet, quoique le fait se note exceptionnellement. Du 15 mai à la fin de juillet, la brume, exceptionnelle dans l'ouest, est la règle dans l'est et le nord, et les navires restent couramment huit ou quinze jours sans reconnaître la terre. Enfin, dans le nord, les glaces sont un danger avec lequel il faut compter jusqu'à la fin de juin et quelquefois même plus tard encore.

En un mot, on ne sort de la saison des tempêtes que pour entrer dans les brumes, et c'est constamment sous le froid et l'humidité que le pêcheur doit travailler pour arracher à la mer, au prix d'efforts incessants, son pain quotidien et la subsistance de sa famille.

[1] Pour une période de 8 années, la statistique d'ensemble a donné 55 sinistres survenus en mars contre 37 en avril. Pour la seule flottille de Paimpol, dans une période de 29 années (1864-1892), 19 navires se sont perdus en mars et 16 en avril.

Bien des sinistres pourraient être évités, si l'on n'attendait pas jusqu'au dernier moment pour parer au danger, alors qu'il est déjà trop tard.

Malheureusement, on ne songe généralement à interrompre la pêche que lorsque la force du vent et de la mer imprime au navire une vitesse de dérive telle que les lignes n'ont plus le temps d'arriver au fond et remontent presque à la surface. Jusque-là les pêcheurs restent à leur poste, souvent, hélas! plus que ne le comporterait la prudence.

Comme nous venons de le dire, les variations météorologiques et atmosphériques se produisent dans ces parages d'une façon très brusque : au calme le plus plat succède un ouragan qui se forme en moins de deux heures. Si la morue donne, le navire attend jusqu'au dernier moment pour remettre sous voiles et essayer de gagner le large. S'il est alors trop rapproché de la côte, s'il lui faut doubler une pointe contre laquelle le poussent le vent, le courant et la mer, sa perte ou son salut dépend d'une simple avarie. Quelques voiles déchirées, un mât tombé, une vergue cassée, ne lui permettront plus de conserver la vitesse nécessaire à ses évolutions, et les lames le jetteront sur la côte ou sur les brisants.

C'est presque toujours dans ces conditions qu'ont lieu les sinistres qui se produisent chaque année parmi la flottille de pêche, sans que d'aussi pénibles précédents réussissent à rendre les capitaines et les équipages moins téméraires.

Si, au contraire, le navire est à bonne distance de la terre, ou si le vent l'en éloigne, tout le monde dort à bord en attendant le retour du beau temps. Le danger pour les marins, sur un bâtiment solide et en bon état, n'est, en effet, ni dans la force du vent, ni dans celle de la mer, il est dans le voisinage de la côte. Lorsqu'il a le champ libre devant lui, lorsque aucune terre, aucun récif ne s'élève dans la direction où l'emporte l'ouragan, il peut, comme le pilote de Shakespeare, crier à la tempête :

« Souffle jusqu'à ce que tu crèves, ô vent, si l'espace est suffisant! »

Les sinistres peuvent provenir, non seulement de l'imprudence des marins, mais aussi de la vétusté des navires.

Beaucoup de navires usés, faisant de l'eau, vont à la côte chaque année; l'équipage se sauve, rallie un port voisin par un moyen quelconque et n'éprouve comme dommage que la perte complète de sa campagne. Mais trop souvent, en revanche, victimes d'une de ces tempêtes qui ne sont pas rares et qui éclatent d'une manière soudaine, le navire épuisé devient la victime d'une lutte inégale, et c'est alors la perte assurée de tous ceux qui le montent; aucun survivant ne vient révéler les péripéties d'un drame qui n'a parfois duré que quelques instants et dont l'Océan garde le secret. Certaines années sont plus marquées que d'autres par ces lugubres événements; en 1892, douze navires ont ainsi sombré entraînant avec eux cent trente-neuf hommes; en 1873, un seul coup de vent avait amené la perte corps et biens de neuf goélettes bretonnes; mais qu'est-il encore à côté de celui qui, vers le milieu du siècle, jeta sur la côte sud quatre-vingts navires qui disparurent avec leurs équipages!

Depuis quelques années ces sinistres semblent diminuer. Cela tient à ce que les navires vieux et les petits navires se font plus rares. Mais, à côté de l'état du bâtiment et de la violence du vent, il est d'autres causes qui doivent entrer en ligne de compte dans la responsabilité des naufrages, et ces causes tendent aussi à disparaître. Elles ont été étudiées, en 1893, par le commissaire d'un des quartiers d'armement, qui en fit l'objet d'un rapport spécial bien étudié et fortement documenté; le caractère technique de cette étude, qui intéresserait peu nos lecteurs, nous engage à n'y pas insister; mais du moins dirons-nous quelques mots d'un facteur qui peut devenir à l'occasion un élément important de morts d'hommes et auquel il est facile d'obvier.

Tous les navires ne sombrent pas dans la tempête; dans bien des cas, soit qu'ils aient touché une roche ou une épave, soit qu'ils aient eu à subir le choc d'un glaçon flottant, soit enfin à l'occasion d'un abordage, une voie d'eau peut s'y déclarer alors que la mer est maniable et le sauvetage possible. Mais encore faut-il qu'il y ait à bord assez d'embarcations pour sauver tout le monde. Beaucoup de goélettes n'en ont encore qu'une seule. Qu'arriverait-il si elles venaient à la perdre, ce qui s'est présenté l'année dernière pour six d'entre elles au moins? Les faits ne manquent pas cependant, démontrant la nécessité d'en avoir un nombre suffisant pour prendre l'équipage entier. La perte de la *Dunkerquoise*, en 1876, est encore présente à tous les esprits. Cette goélette, montée par vingt-deux hommes, est surprise et écrasée par les glaces au mois d'avril; le second embarque avec dix hommes dans le seul canot du bord et peut gagner un navire de Paimpol; on revient ensuite au secours du capitaine et de dix autres hommes réfugiés sur la banquise, mais les glaces empêchent de parvenir jusqu'à eux et à la nuit on doit s'éloigner; le lendemain on ne trouve plus trace des naufragés. Beaucoup plus récemment, le *Pen-Bas* s'entr'ouvre et coule; il n'y avait à bord qu'un seul canot; heureusement une autre goélette passant par là s'aperçut des signaux de détresse et put aider au sauvetage.

Depuis plusieurs années beaucoup d'armateurs paimpolais embarquent deux canots, un à l'arrière, sur les pistolets, un sur le pont. Quelques navires ont reçu une chaloupe pouvant contenir vingt hommes et un canot pour six ou sept; ces deux embarcations sont placées sur le pont; la chaloupe est à bancs démontables et sert de berceau au canot. Malheureusement le nombre est encore trop grand de navires qui n'ont qu'un seul canot, les capitaines ne cherchant qu'une chose : avoir leur pont aussi dégagé que possible. Et c'est pour cela que, tant qu'une réglementation sévère n'interviendra pas, beaucoup persisteront dans leur entêtement et éviteront de se charger d'un second canot, qu'ils considèrent comme une gêne et qui serait pourtant la sauvegarde de leur équipage.

A côté des dangers de la mer, il y a les dangers de la maladie.

Au premier abord, il semblerait que les conséquences du régime que nous avons décrit dans le chapitre précédent dussent produire des résultats désastreux au point de vue de la santé des équipages. Il n'en est rien cependant. En dehors de quelques affections isolées et sans caractère particulier, l'état sanitaire de la flottille est satisfaisant.

« Tous les médecins qui ont fait avant nous campagne en Islande, dit M. le docteur L. Chastang, ont été surpris du petit nombre de maladies graves qu'ils ont rencontrées. » Forterre[1] avoue « que malgré les conditions hygiéniques déplorables dans lesquelles sont les pêcheurs (air confiné, manque de sommeil, mauvaise alimentation, travail excessif), malgré toutes les per-

---

[1] Rapport de la *Manche*, 1895.

turbations atmosphériques qu'ils sont obligés de supporter, il a été étonné
du peu de malades qu'il a eu à soigner » et qui n'a pas dépassé le chiffre
de soixante-neuf. En 1896, son successeur, le docteur Sisco, n'a à donner
que soixante-six consultations, et de ce qu'il observe il conclut « que les
maladies qui frappent les pêcheurs sont en général peu nombreuses et
bénignes, et que les grandes pyrexies de nature infectieuse constituent parmi
eux des raretés pathologiques ».

Trente ans avant eux, Jacollot et E. Chastang[1] avaient fait des consta-
tations analogues; Jacollot surtout se montrait étonné de n'avoir pas eu
à soigner une seule affection aiguë des voies respiratoires, et il rapportait
l'assertion d'un pilote embarqué sur l'*Artémise* et qui affirmait n'avoir pas
vu, au cours de vingt années de navigation dans les mers d'Islande,
dix hommes mourir de maladie. Nous n'accepterons pas sans réserve cette
dernière assertion, que nous croyons empreinte de quelque exagération;
mais d'ores et déjà il est bien certain que peu de pêcheurs meurent de
maladies en Islande.

De là à conclure que, suivant l'expression de certains armateurs, il n'y
a pas de malades en Islande et que le pays y est très sain pour les pêcheurs,
il y a loin. Le pays en lui-même peut être très salubre; les maladies aiguës
et d'un caractère infectieux y sont certainement rares et peu graves; mais il
y a incontestablement des cas assez nombreux d'affections bénignes peut-
être par elles-mêmes et à leur début, mais qui ont une tendance indéniable
à la chronicité.

La statistique de la mortalité définitive est bien difficile à établir, et on
ne sait pas combien de morts ne se produisant qu'en France sont imputables
à l'Islande.

« Toutes les industries sont insalubres, » a dit de Freycinet, et la grande
pêche n'échappe pas à cette règle, il s'en faut.

Voici, d'ailleurs, les renseignements que M. le docteur Chastang a pu
recueillir aux sources officielles, c'est-à-dire dans les quartiers d'inscription
maritime, et qui lui ont permis d'établir d'une manière aussi approximative

---

[1] Jacollot, Relation de la campagne de l'*Artémise,* en 1857. Th. de Paris, 1861. — E. Chastang, *Étude
médicale sur l'Islande.* Th. de Montpellier, 1866.

que possible la mortalité des pêcheurs d'Islande pendant les trois campagnes de 1895, 1896 et 1897. Ces pertes peuvent se résumer dans le tableau suivant :

ANNÉES	NOMBRE D'HOMMES ayant fait la campagne	MORTS PAR ACCIDENTS DE MER		MORTS par maladie
		Naufrages	Pertes individuelles	
1895.........	4032	23	10	10
1896.........	3854	14	4	8
1897.........	3688	73	6	6
Totaux...	11574	110	20	24
Moyennes.	3858	11.23 p. 1000		2.07 p. 1000
Mortalité générale............. 13.30 p. 1000				

Ces chiffres ne s'appliquant qu'à une période de six mois doivent être doublés si on veut avoir une moyenne annuelle. Ils démontrent que, si les morts par accidents de mer sont très fréquentes, celles qui sont occasionnées par la maladie sont en bien moins grand nombre.

Tout compris, la mortalité dans la grande pêche est exceptionnellement élevée par rapport à celle de la marine marchande en général, puisque celle-ci, prise dans son ensemble, n'a été, dans la période quinquennale de 1887 à 1891, que de six pour mille par an[1].

Les morts par maladie sont peu nombreuses; elles le sont cependant trop encore et on peut les réduire à un chiffre presque voisin de zéro. Il suffit de donner aux navires de l'eau exempte de tout germe pathogène et d'éliminer des équipages tout homme reconnu atteint de tuberculose. La tuberculose et la fièvre typhoïde étant presque toujours les deux seules affections qui occasionnent des décès, on verrait la mortalité disparaître presque entièrement au cours du voyage par la seule mise en œuvre de ces deux mesures.

On pourra plus difficilement empêcher l'éclosion des maladies à marche chronique qui résultent des fatigues et des obligations de la profession. Mais

[1] Rapport du Comité consultatif des pêches, 4 mai 1894.

nous croyons que, si l'on arrivait à restreindre l'ivrognerie et à enrayer les ravages sans cesse croissants de l'alcoolisme, on en diminuerait le nombre en même temps qu'on en modifierait favorablement l'évolution. Et on ne verrait peut-être plus de vieillesses aussi prématurées, d'organismes si vite ravagés par l'athérome, « la rouille de la vie ». La question vaut la peine d'être étudiée de près, mais elle ne sera résolue que par une réglementation fermement établie et sévèrement appliquée, car il ne faut guère espérer réussir à convaincre les hommes en semblable matière et arriver à leur persuader que, suivant la maxime d'Épictète, il est préférable de corriger ses vices que d'en être la victime.

Chaque navire doit être pourvu d'un coffre de médicaments auquel est jointe une instruction sommaire sur les premiers soins à donner en cas de maladie. C'est au capitaine qu'incombe alors l'obligation de se transformer en médecin, à moins qu'il ne se décide à aller déposer son malade dans le fjord le plus voisin.

L'administration de la Marine impose aux armateurs et aux capitaines l'observation de certaines prescriptions qui ont pour but de sauvegarder, tout à la fois, la sécurité des navires, la santé et le bien-être des hommes. Mais, pour que ces mesures ne soient pas éludées, il est nécessaire qu'elles puissent être l'objet d'un contrôle incessant sur les lieux mêmes de la pêche. L'exercice de ce contrôle revient tout naturellement à notre marine militaire.

Les navires de guerre français envoyés chaque année en Islande ont pour mission de faire respecter par les capitaines marchands les lois du droit maritime international et les prescriptions de l'autorité locale. Ils doivent veiller à ce que la pêche se fasse en dehors des limites de la mer territoriale dont l'exploitation appartient exclusivement aux indigènes islandais, et s'efforcer de régler à bref délai et sur les lieux mêmes les contraventions qui peuvent se produire, afin d'éviter des réclamations par voie diplomatique. Ils sont également chargés de surveiller, à bord des bâtiments de pêche, l'observation des règlements administratifs, en ce qui concerne le personnel, le matériel et les approvisionnements.

Mais le rôle de la marine militaire en Islande ne se renferme pas strictement dans les limites étroites de ce programme. Ce n'est pas seulemen
une mission de surveillance, c'est aussi une mission de protection qu'elle
vient exercer. Si le navire pêcheur n'a pas de vivres en quantité suffisante
le navire de guerre le ravitaille; — s'il a éprouvé des avaries, le navire de
guerre les répare; — ce bâtiment s'efforce, en toute circonstance, de suppléer par ses propres moyens, en faveur de la flottille de pêche, à l'insuffisance des ressources du pays.

Quelques services qu'il soit appelé à rendre, d'ailleurs, « il peut être assuré
d'avance, de l'ingratitude de ses obligés, toujours aussi indifférents aux bons
procédés dont ils sont l'objet qu'irrités de la surveillance nécessaire que
l'on exerce à bon droit sur eux[1]. »

Dans la période de février à mai, le temps a été souvent rude sur la
côte et les avaries fréquentes dans la flottille. L'île n'offrant aucune ressource
pour les réparations, le bâtiment de guerre est impatiemment attendu par
tous ces navires dont il va panser de son mieux les blessures que la mer
leur a faites.

Autrefois toutes les réparations étaient faites à titre absolument gratuit
Un abus facile à prévoir s'ensuivit; certains armateurs, réussissant à éluder
au départ le contrôle de l'administration de la Marine, expédiaient leurs
navires dans un état de délabrement et de dénuement tel, que la plus stricte
humanité faisait un devoir aux commandants de station de les réparer
entièrement sans qu'il en coûtât un sou aux intéressés. Aujourd'hui les
choses ne se passent pas tout à fait ainsi. L'administration de la Marine
impute au navire de commerce le prix des matériaux à lui fournis par le
navire de guerre; cependant ce prix est toujours calculé au plus bas chiffre
de revient.

La sollicitude de la Marine fait donc, dans une large mesure, tout
le possible pour venir en aide, dans leur dur labeur, à nos pêcheurs
d'Islande.

Mais il est visible qu'il reste encore beaucoup à faire, et cela, dans tout

[1] M. G. Aragon.

un ensemble de circonstances où il n'est pas possible à l'ingérence officielle d'intervenir.

C'est à cette lacune qu'a suppléé l'initiative privée.

Les marins français qui vont dans les eaux de l'Islande y trouvent, de la
part de la Société des Œuvres de mer, dont
nous avons parlé plus haut[1], la même assistance et les mêmes secours que leurs camarades de Terre-Neuve.

Un navire-hôpital, ayant à bord un aumônier et un médecin, croise sans cesse autour
de l'île ou dans ses fjords, portant la bonne
parole, le souvenir de la patrie, les soins

Hôpital de Faskrudsfjord.

médicaux. Les malades ou blessés plus gravement atteints sont recueillis
dans l'infirmerie du bord, et transportés soit à l'hôpital de Reikjavik, dans
l'ouest, soit à l'hôpital de Faskrudsfjord, dans l'est. Ces deux hôpitaux
appartiennent à la mission danoise en Islande, qui est sous la haute direction de Mgr l'évêque de Danemark; ils sont desservis, avec un inépuisable
dévouement, par les sœurs de Saint-Joseph de Copenhague, qui prodiguent
leurs soins aux Islandais et à nos nationaux que la maladie frappe en ces
parages.

La construction de l'abri de Faskrudsfjord est en grande partie due
à la générosité française. Depuis quelques années, les Œuvres de mer
y envoient un aumônier; sa présence et son caractère sont les seules et
nécessaires conditions qui permettent aux religieuses de demeurer, en ces
parages désolés, pendant la saison de pêche, et par suite de tenir l'hôpital
ouvert. En outre, il seconde efficacement son collègue du navire-hôpital
dans l'œuvre de l'assistance morale des pêcheurs, dans la bonne guerre
contre l'alcoolisme et les instincts inférieurs.

[1] Voir p. 103.

VI

QUELQUES CONSIDÉRATIONS ÉCONOMIQUES ET SCIENTIFIQUES

Les salaires des pêcheurs. — La pêche de la morue sur la côte occidentale d'Afrique.

Comment se répartissent les bénéfices de la pêche entre les diverses catégories du personnel des navires d'Islande?

En principe, tout bâtiment de commerce doit être commandé par un marin pourvu, suivant la traversée à faire, d'un brevet de capitaine au long cours ou de maître au cabotage. Une mesure d'exception permet cependant de confier le commandement des navires destinés à l'Islande à des marins qui, après avoir justifié de cinq voyages antérieurs dans ces parages et de quelques connaissances très sommaires en navigation théorique, prennent le titre de *maîtres de pêche*.

Capitaine au long cours, maître au cabotage ou maître de pêche, le capitaine n'est, le plus souvent, que le premier pêcheur de son bord. A moins d'une clause stipulée au départ de France, devant le commissaire de l'inscription maritime, il est assujetti à la pêche comme le dernier de ses matelots. Son autorité est d'autant plus contestée que les moyens de répression lui manquent pour la maintenir, et que, les salaires étant ordinairement calculés sur le produit total de la pêche, ses hommes sont toujours disposés à voir en lui un associé plutôt qu'un chef. C'est lui qui compte et inscrit le nombre des morues pêchées par chaque homme, qui distribue les vivres journaliers et qui souvent même est chargé du soin de faire la cuisine!

Le second n'est qu'un matelot comme les autres, pêcheur plus adroit, plus expérimenté, et partant mieux payé.

Viennent ensuite : 1° le *trancheur*, qui coupe la tête de la morue, puis ouvre le poisson et le vide, — 2° le *saleur*, qui lave la morue et la sale, — 3° le *tonnelier*, qui la dispose et la renferme dans les barils.

L'ensemble de ce personnel forme ordinairement une association dans laquelle les salaires individuels sont proportionnés aux résultats de la pêche collective. Le mode de répartition de la rémunération entre les différents membres des équipages varie suivant les ports et les armateurs.

Tandis qu'en Bretagne les équipages sont payés d'après le nombre de poissons capturés, ceux de Dunkerque et de Gravelines sont rétribués au *last*.

Le *last* de morues représente un poids de ces poissons variant, suivant les localités, entre quinze cents et deux mille kilogrammes. Le nombre de poissons équivalant à ce poids varie lui-même selon les lieux de provenance. Dans le nord de l'Islande, le last est de douze cents morues, de neuf cents dans l'est, et de sept à huit cents dans le sud.

Bretons comme Dunkerquois reçoivent avant d'entrer en campagne des avances variables aussi selon les coutumes locales. C'est ainsi qu'à Binic l'homme commence par toucher le jour où on l'engage une somme de quatre-vingts à cent francs, qu'on appelle le *denier à Dieu*, et qui est indépendante du salaire à régler au désarmement; plus tard, au moment de l'ouverture du rôle, il recevra encore de cent à cent cinquante francs. A Dunkerque, chaque homme reçoit cinquante francs à titre de denier à Dieu, puis des avances variables de deux cents à deux cent cinquante francs, qui lui seront acquises le jour où l'équipage aura pêché à l'armateur cent quarante tonnes de morue.

Ces avances sont données aux hommes tant pour leur procurer les moyens de s'acheter les vêtements nécessaires à la campagne et qui atteignent toujours un prix élevé, que pour leur permettre de laisser un peu d'argent à la maison. Malheureusement, une trop grosse partie en est dépensée dans les cabarets avant le départ, au détriment des familles.

Au retour de la campagne, la rétribution varie suivant la pêche, mais pour beaucoup dépend aussi de la vente; l'équipage partage la bonne et la mauvaise fortune de l'armateur, et il ne reçoit rien pour la morue qui n'est pas vendue.

A Binic, chaque homme reçoit de dix à vingt centimes par morue qu'il a pêchée.

A Paimpol, la rétribution a lieu « au tiers »; un tiers du produit de la pêche est divisé en autant de parts qu'il y a d'hommes plus deux. Ces deux parts sont divisées à leur tour en dix parties. Le capitaine reçoit trois parts et quatre dixièmes, les officiers une part trois dixièmes, le saleur une part un dixième, le mousse un dixième. Les autres parts sont partagées entre les pêcheurs proportionnellement au nombre des morues qu'ils ont capturées.

De plus, beaucoup d'armateurs donnent quatre primes par navire (quarante, trente, vingt et dix francs) aux pêcheurs qui ont pris le plus de poisson.

Dans le Nord, on n'accepte que les grosses morues. Lorsque la tonne en contient plus de soixante, deux tonnes n'entrent en compte que pour une; au delà d'un nombre plus élevé, il en faut trois pour en représenter une. La morue trop petite n'est pas payée. Dès que l'équipage a pris les cent quarante tonnes qu'il doit pour ses avances, il reçoit pour les autres une somme de vingt à vingt-cinq francs par last pour un officier, treize à dix-huit francs pour un matelot; les mousses ont de huit à neuf francs.

Quelques rares équipages ont une solde fixée au mois.

Le payement à la morue a l'avantage de faire une différence entre les pêcheurs habiles et les maladroits et de favoriser les travailleurs. Dans une saison heureuse, à la suite de laquelle le poisson se vend bien, un bon pêcheur peut se faire un millier de francs, un pêcheur moyen de cinq à huit cents francs.

En somme, les diverses combinaisons adoptées pour le règlement des salaires donnent à peu près les mêmes résultats, et l'on peut évaluer à quatre ou cinq cents francs pour un matelot les bénéfices moyens d'une campagne en Islande. Comme le départ de France a lieu en février et que la pêche est

terminée dès la fin de la première quinzaine d'août, c'est une moyenne de
bénéfices, souvent dépassée, de quatre-vingts à cent francs par mois.

Or, les salaires du long cours et du cabotage atteignent à peine soixante
francs; au point de vue de la rémunération, la situation est donc sensiblement meilleure pour les pêcheurs d'Islande, d'autant plus qu'en fait ils
n'ont pas à craindre de chômage au retour, puisqu'ils peuvent alors naviguer
au cabotage et à la pêche côtière ou reprendre les travaux agricoles.

Nous ne pouvons clore cette seconde partie de notre volume, sans
attirer l'attention sur une question qui prend chaque jour plus d'intérêt.

L'importance considérable de la pêche, d'une manière générale, pour
la richesse nationale, n'est pas à démontrer. Année moyenne, ses produits
s'élèvent à une valeur de cent millions de francs environ, dont quinze millions reviennent à la grande pêche, c'est-à-dire presque entièrement à la
pêche de la morue dans les parages de Terre-Neuve et de l'Islande, la
pêche de la baleine ne donnant plus lieu à aucun armement en France.

Cependant, plusieurs publicistes et non des moindres, en voyant la
question des pêcheries de Terre-Neuve prendre une forme aiguë, ont insisté
à maintes reprises sur ce point que la morue, que l'on s'obstine (avec l'appât
de primes, il est vrai) à aller chercher dans les mers du Nord, au milieu de
dangers de toutes sortes, se rencontre en abondance sur la côte ouest de
l'Afrique.

Ils déclarent que la France aurait intérêt à abandonner ses lieux habituels
de grande pêche pour la côte occidentale d'Afrique, dont les parages, depuis
le cap Geer jusqu'à l'embouchure de la Gambie, sont peut-être les plus poissonneux de l'Océan.

Ce qui montre la richesse de ces côtes au point de vue de la pêche, c'est
le produit qu'en tirent les Canariens, malgré les procédés assez primitifs
qu'ils emploient. Les bâtiments qui se livrent à la pêche sont au nombre de
quarante-cinq à cinquante, montés chacun par vingt à trente hommes,
suivant le tonnage. Ce sont des brigantins, étroits à l'avant comme à l'arrière,
mais larges au maître-bau, et qui tiennent admirablement la mer sous les
vents alizés qui soufflent presque constamment dans cette région. Ils portent

un petit hunier à l'avant, bordent un simple foc, et, dans ces conditions, parcourent, en louvoyant, quatre cents milles en dix jours.

La pêche se fait à la part, après déduction du prix du sel et du biscuit que fournit l'armateur à l'équipage; le patron reçoit deux parts, chaque matelot une part, le novice une demi-part, le mousse un quart de part. Les matelots doivent apporter leurs ustensiles de pêche, en même temps que le vin, l'huile, le piment, le poivre, les oignons et l'eau-de-vie, qui constituent le fond de leur alimentation.

La pêche s'exerce du cap Noùn au cap Blanc, — dans le nord durant le printemps et l'été, dans le sud en automne et en hiver, — et cela en suivant les migrations des poissons.

On prend d'abord, près de la côte, les poissons qui serviront d'appât, puis on gagne le large pour se livrer à la pêche proprement dite.

D'après ce que tout le monde affirme, et en particulier le consul de France aux Canaries, ces parages ne le cèdent en rien, ni comme qualité, ni comme abondance, aux bancs de Terre-Neuve et d'Islande.

L'espèce que l'on y pêche n'est point la véritable morue, le *gadus morrhua* de Linné. Ce sont des espèces voisines, de la famille des *gadoïdes*, et du genre *mora*, préférables, d'après S. Berthelot, à la morue du Nord et capables de nous fournir de nouvelles ressources alimentaires très précieuses.

Cette région est exploitée depuis plus de deux cent cinquante ans par les pêcheurs canariens, et, chaque année, ils en retirent plus de huit millions de poissons.

Du reste, cette pêche est entièrement consommée aux Canaries, tout simplement parce que de tout temps le poisson a été préparé « en vert », c'est-à-dire à mi-sel, ce qui ne lui permet pas de supporter un long voyage, et que les pêcheurs ne veulent pas modifier leurs méthodes.

Aussitôt pris, le poisson est éventré et séché, après qu'on lui a coupé la tête et les nageoires; on le presse, on le comprime pour en faire sortir le sang et l'eau, puis on le sale et on l'entasse dans la cale, pour l'apporter à terre peu de jours après. Tout ce qu'il peut supporter ainsi préparé, ce serait un mois et demi d'attente. Mais le jour où les méthodes de Terre-Neuve seraient adoptées, il y aurait là matière à une industrie des plus importantes.

Ces parages africains sont plus rapprochés de nos ports que le banc de Terre-Neuve ou que les côtes glacées de l'Islande. Leur étendue est bien plus considérable. Le climat et la mer y sont relativement cléments, tandis que le froid, une mer tourmentée, les glaces, des brouillards intenses, font de la pêche dans les pays du Nord un travail aussi pénible que dangereux.

De plus, les îles Canaries, de même que toute la côte qui forme la lisière du grand Sahara, présentent une curieuse particularité, une propriété caractéristique qui permet d'y établir, au moyen de simples abris en planches, des pêcheries où, sous l'action combinée du soleil et du vent, la dessiccation du poisson s'opérerait rapidement et avantageusement.

L'approvisionnement en sel serait facile : outre les nombreux dépôts naturels qui existent sur cette côte, ceux du cap Saline, près d'Arguin, et de Gandiole, près de Saint-Louis, sont, pour ainsi dire, inépuisables, et leurs produits très estimés.

Nous n'avons pas qualité pour apprécier la valeur de ces considérations, mais nous devions les mentionner pour que notre étude fût complète.

TROISIÈME PARTIE

NOS PÊCHEURS DANS LA MER DU NORD

———

I

HISTOIRE NATURELLE DU HARENG ET DU MAQUEREAU

Les poissons migrateurs. — La légende et la réalité. — Véritable habitat du hareng. — Le maquereau. — Quantité prodigieuse de ce poisson. — Son habitat.

Les espèces que recherchent nos pêcheurs dans la mer du Nord sont principalement le hareng et le maquereau. Il est donc indispensable, pour se rendre compte de la nature de leur industrie, d'avoir quelques données préalables sur les mœurs des poissons qui en font l'objet.

Le hareng a été, pendant très longtemps, et jusque dans ces dernières années, considéré par les naturalistes comme le type par excellence des poissons dits *migrateurs*.

Cette dernière dénomination a été donnée — par une assimilation imprudemment hâtive avec les oiseaux dits également migrateurs — à certains poissons tels que la morue et le capelan parmi les gadoïdes; — le hareng, l'anchois, la sardine parmi les clupéïdes; — le thon et le maquereau, parmi les scombéroïdes.

On a constaté que ces poissons apparaissent périodiquement, en grand nombre, à date plus ou moins régulière, sur certains points des côtes ou de l'Océan, puis disparaissent jusqu'à l'année suivante. Ce phénomène présentant une analogie — toutefois assez lointaine — avec l'arrivée et le départ des hirondelles, on l'a attribué, l'imagination aidant, à des migrations, à de longs voyages annuels qu'accompliraient, pour des causes inconnues, certains hôtes de la mer.

Les anciens écrivains ont tracé leurs itinéraires supposés avec une précision qui ne laisse rien à désirer, et, même en ce siècle, voici ce que le naturaliste Boitard disait du hareng :

« Le hareng (*clupea harengus* Linné) est, parmi les poissons, le plus célèbre des voyageurs.

« Tous les ans, des flottes entières sont occupées à sa pêche, et cependant on ne sait encore ni d'où il vient, ni où il va, ni sous quelle latitude il fraye et se multiplie si prodigieusement; ni comment le nombre n'en diminue pas malgré la pêche qu'on en fait, les poissons voraces dont il est la principale nourriture, les cétacés, les mammifères amphibies et les oiseaux de proie qui en font une énorme consommation.

« Rien n'est extraordinaire comme les migrations périodiques de ces poissons. Ils viennent du nord, dont ils parcourent les côtes en se divisant en plusieurs colonnes. La plus grande se met en marche au commencement de l'année et se partage en deux ailes, dont celle de droite se détourne vers l'occident, et tombe, au mois de mars, sur l'île d'Islande, de sorte que tous les golfes, détroits et baies en sont remplis; mais on ne sait pas bien ce que devient le reste de cette colonne, qui défile le long de la côte occidentale de cette île. — L'aile gauche tire vers l'orient, gagne la mer du Nord, vers le cap Nord, descend le long de toute la côte de Norwège, de sorte qu'une division de cette dernière colonne côtoie, en droiture, la Norwège, jusqu'à ce qu'elle tombe, par le détroit du Sund, dans la mer Baltique. — L'autre division, arrivée à la pointe nord du Jutland, se divise encore en deux parties, dont l'une, défilant le long de la côte orientale du Jutland, se réunit, par les Belts, avec celle de la mer Baltique, pendant que l'autre descend à l'occident de ce même pays, et, côtoyant le Schleswig, le Holstein, le pays de Brême et la Frise, se jette, par le Texel et la Wlise, dans le Zuyderzée, et, l'ayant parcouru, s'en retourne dans la mer du Nord.

« La seconde grande division, qui est la division occidentale de l'aile orientale, se détourne vers l'occident, va droit aux îles Shetland, aux

Orcades, et vers l'Écosse, dont elle remplit les bancs, les baies et les anses. Là, elle se divise de nouveau en deux colonnes, dont l'une, après être descendue le long de la côte orientale, rase le cap de Buchaneft et la côte d'Aberdeen; elle va de là devant Dumbar, où les pêcheurs de la Tay en prennent un quantité considérable qu'ils vendent à Édimbourg; elle se prolonge ensuite, faisant un détour, devant les côtes fort élevées de Saint-Tabbes et de Berwick. Cette colonne reparaît sous Scarborough, se resserre sous les bancs d'Yarmouth, proche l'Angleterre, passe de là à l'embouchure de la Tamise, où les harengs tombent en partage aux pêcheries de Londres, de Folkestone, de Douvres et de Sandwich, qui en fournissent toutes les villes situées le long de la Tamise, de même que les côtes de Kent et de Sussex. Il se détache, pendant ce tour, des bandes considérables de harengs qui vont sur les côtes de Frise, de Hollande, de Zélande, de Brabant, de la Flandre et de la France.

« La seconde colonne de cette division tombe en partage aux Écossais du côté de l'occident ou des îles Westerness, et les négociants de Glascow, d'Ayr et de Galloway en prennent beaucoup.

« L'Irlande se trouve alors environnée de harengs. Aussi les pêcheurs de Londonderry, ceux de Belfast, de Carrick-Fergus, de Dublin, en prennent-ils tant qu'ils peuvent, ainsi que ceux de Lewes et des îles Wesdernes, qui les poursuivent jusqu'à ce qu'ils aient atteint le canal de Bristol. Ils tombent alors dans les filets des habitants du Devonshire, qui, joints à d'autres pêcheurs, les poursuivent depuis Minhead jusqu'à Barustaple, Bedford, et de là jusqu'aux villes de la Cornouailles. Les négociants de Pembrock et de toute la côte méridionale du pays de Galles en prennent aussi des quantités prodigieuses. Enfin, toutes ces divisions de la seconde grande colonne s'étant réunies dans la Manche, ce poisson se perd de vue *sans que, jusqu'à présent, on ait pu deviner ce qu'il devient.* »

Ce dernier aveu est tout à fait significatif et montre bien que les naturalistes erraient en pleine légende.

En réalité, tous les poissons dits migrateurs appartiennent à des espèces *pélagiques*. C'est le nom que donnent les naturalistes à tous les animaux marins qui ne restent pas cantonnés le long des rivages ou sur des fonds submergés, mais qui vivent, sans aucune attache fixe, en plein Océan. Naturellement, et en vertu même de cette liberté, ils se déplacent, mais non pas par une migration régulière analogue à celle des hirondelles. Leurs voyages sont soumis à un certain nombre de causes *variables,* dont quelques-unes nous échappent encore, et dont quelques autres se précisent peu à peu : ainsi la température des eaux, les besoins de la nutrition et les nécessités de la ponte.

La température des eaux est un facteur important dans les déplacements des poissons pélagiques ; de multiples observations ont mis ce fait en évidence.

« M. le lieutenant de vaisseau Goëz, qui a commandé, pendant quelque temps à Concarneau, la goélette *la Perle,* a pu établir une connexion manifeste entre le rapport des températures superficielle et profonde des eaux de la baie et les époques d'apparition et de disparition de la sardine d'été[1]. »

De même, la constatation d'une préférence marquée de la morue pour certaines couches liquides d'une température déterminée a été utilisée pratiquement, — comme nous l'avons dit dans notre première partie, — par nos pêcheurs de Saint-Pierre et Miquelon et de Terre-Neuve. Ils font précéder la pose de leurs lignes de l'exploration de la mer avec un thermomètre sondeur dont les indications de température leur marquent la profondeur et l'étendue de la zone sous-marine où ils ont le plus de chances de rencontrer la morue.

Beaucoup de poissons pélagiques fréquentent de préférence les mers froides, habitat, jusqu'à un certain point, essentiel à leur existence.

Hatton et Hervé[2] insistent tout particulièrement sur ce fait.

« Le courant arctique, disent-ils, qui baigne les côtes du Labrador, de Terre-Neuve, du Canada et d'une partie des États-Unis, refroidissant l'atmosphère et charriant d'immenses champs de glace, est la source des grandes richesses maritimes de ces régions. Si ce courant froid faisait tout à coup défaut, la morue, le hareng, le maquereau, le flétan, le loupmarin, etc., etc., qui aujourd'hui affluent dans les mers du Nord, dispa-

---

[1] Pouchet, la *Question de la sardine.* (*Revue scientifique,* 11 juin 1887.)
[2] *Histoire de Terre-Neuve.*

raîtraient entièrement. Les grands intérêts maritimes dépendent donc autant du courant arctique, que les intérêts agricoles dépendent de la pluie et du beau temps. »

Au sud du Labrador, ce courant prend le nom de *courant du Labrador*, et la superficie qu'il couvre le long des côtes de l'Amérique du Nord, dans la région où il se heurte au Gulf-Stream, est l'endroit par excellence où certains poissons viennent frayer et chercher leur nourriture. Car, quoique la température particulière du courant du Labrador soit nécessaire à leur croissance, ce n'est cependant pas uniquement à cause de cette température que ces poissons s'y pressent, mais aussi et surtout parce qu'ils y trouvent leur nourriture en abondance.

En effet, les mers arctiques et le courant qui en provient fourmillent de petits animaux pélagiques (*foraminifères, radiolaires, mollusques ptéropodes*, etc.), formant en plusieurs endroits, dit le professeur Hind, « une masse grouillante, une sorte de *limon vivant* couvrant des centaines de milles carrés, dont se nourrissent, non seulement les innombrables millions de poissons, grands et petits, qui se pressent sur les côtes du Canada, de Terre-Neuve et des États-Unis, mais encore, comme l'a démontré le docteur Brown, les myriades d'oiseaux aquatiques, qui pendant la saison d'été fréquentent les mers du Nord ».

Il n'y a donc à tenir aucun compte de l'ancienne théorie relative à la migration des poissons qui fréquentent ces parages. Le poisson capturé sur ces côtes est indigène des profondeurs maritimes voisines, lesquelles constituent son véritable *habitat*. Ainsi, même pendant les mois d'hiver, on capture du hareng et d'autres poissons dits migrateurs à peu de distance des côtes où ils viennent, au printemps, en bancs considérables, à la recherche de nourriture ou de lieux propres à la ponte, et d'où ils retournent par le même chemin, en droite ligne, à leur *habitat*.

Voilà pourquoi, comme le disait Boitard, ils disparaissent tout à coup, sans que l'on puisse deviner ce qu'ils sont devenus.

En résumé, les poissons pélagiques habitent normalement certaines régions océaniques où ils présentent deux sortes de déplacements; déplacements en profondeur ou bathymétriques, déplacements des grands fonds aux côtes et réciproquement, la *bathic migration* et la *litloral migration* de Brown Goode.

Ces détails étaient nécessaires pour mettre fin à la légende des migrations du hareng et du maquereau.

Examinons maintenant l'histoire vraie de ces deux poissons.

Nous avons vu, en exposant, dans notre première partie, l'histoire naturelle de la morue, que celle-ci appartient à l'ordre des *malacoptérygiens subbranchiens* ou *anacanthiniens*.

Le hareng est aussi un malacoptérygien, mais de l'ordre des *abdominaux*, chez lesquels les nageoires ventrales se trouvent sous l'abdomen, et qui comprennent, entre autres familles, les *Clupéides*, les *Esocides*, les *Salmonides*, etc.

Ce poisson, — comme l'alose, la sardine, l'anchois, etc., — appartient à la famille des Clupéides. Il est trop connu de tout le monde pour qu'il soit nécessaire de faire sa description.

Il se nourrit de très petits crustacés copépodes qui forment de véritables bancs de poussière vivante flottant à la surface de la mer, et que poussent sur nos côtes le Gulf-Stream et d'autres courants. C'est là ce qui attire les bandes de harengs et les fait se montrer subitement.

Elles sont quelquefois tellement serrées en pénétrant dans la Manche qu'elles ressemblent aux flots d'une mer agitée. C'est ce que les pêcheurs nomment des *lits* ou *bouillons de harengs*. Quand les filets donnent dans ces bouillons, il arrive souvent qu'ils sont tellement chargés de poissons que, malgré leur solidité, ils se rompent et coulent bas.

Le hareng est essentiellement une espèce du Nord. On le trouve encore dans la Manche, mais dans l'Océan il dépasse peu vers le sud l'embouchure de la Loire. On en a cependant pris à Arcachon.

Le maquereau n'appartient pas au groupe des malacoptérygiens, — comme la morue et le hareng, — mais à celui des *acanthoptérygiens*, caractérisés par cette particularité que tous ont le premier rayon de leurs nageoires dorsales, anales, pectorales, et même, ordinairement, ventrales, d'une seule pièce, dur et épineux au point de pouvoir faire des blessures assez graves à qui saisit l'animal sans précaution.

Ce poisson est le type de la famille des scombéroïdes, qui ont le corps allongé, des écailles très petites, une queue large et puissante.

Le *maquereau commun* (*Scomber scomber*), bien connu de tout le monde, est, à coup sûr, le plus beau de tous les poissons de nos mers.

« Magnifique encore, dit Armand Landrin [1], avec ses couleurs vertes, argentées, brunes, lorsqu'il est en vente sur l'étal des marchandes de Paris, c'est surtout lorsqu'il sort de l'eau qu'il brille de tout son éclat.

« Une fois, j'accompagnai des pêcheurs dieppois dans leur expédition nocturne. Arrivés sur les lieux où ils comptaient pêcher, ils laissèrent tomber des lignes de fond. La mer était agitée et moutonnait au loin ; la lune, dans son plein, disparaissait à chaque instant derrière les nuages aux formes bizarres que le vent chassait rapidement... De temps en temps, les pêcheurs soulevaient leurs lignes ; à chaque hameçon était accroché un maquereau. Rien ne peut rendre l'éclat nacré du bel animal lorsque la lune laissait tomber sur lui un de ses rayons. Son ventre argenté brillait d'une lueur phosphorescente : l'émeraude, la tourmaline, le saphir, la malachite, semblaient s'être unis pour l'émailler ; de toutes parts, il scintillait de couleurs métalliques ; chacun de ses mouvements était un éclair. Mais, lorsque jeté dans le fond de la barque, il se débattait dans les dernières convulsions de l'agonie, ses couleurs, comme celles du caméléon, passaient par mille nuances plus belles les unes que les autres, jusqu'à ce que la mort les eût ternies toutes. Les Romains se pâmaient d'admiration devant le rouget ; que n'eussent-ils fait devant le maquereau ! »

Ce poisson atteint rarement cinquante centimètres de longueur, et pèse, à cette taille maxima, un kilogramme.

Comme le hareng, il passe l'hiver dans les grandes profondeurs, et non dans les mers glaciales, comme on le croyait autrefois, et se montre en bandes innombrables sur nos côtes, au printemps et en été.

La quantité de ces poissons est prodigieuse, à en juger par le nombre

[1] *Les plages de la France.*

des animaux qui les détruisent pour s'en nourrir, et par l'importance de la pêche dont ils sont l'objet.

« Lorsque les légions de maquereaux, dit Landrin, sont poursuivies par de dangereux ennemis, des cétacés le plus souvent, éperdues, folles de terreur, elles se précipitent vers la terre, pénètrent en rangs serrés dans toutes les anses, dans toutes les anfractuosités qui peuvent leur offrir un abri. »

« Parfois, me disait à Dieppe un savant médecin, les maquereaux arrivent en telles quantités jusque dans les bassins intérieurs du port, qu'il suffit, pour en prendre, de plonger dans la mer un chapeau. Alors tout le monde se met en chasse ; chacun s'arme de ce qu'il rencontre, filets, baquets, tamis, tout est bon pour capturer l'imprudent poisson. Malheureusement, cette pêche exceptionnelle ne se renouvelle pas souvent. »

C'est parmi les rochers que les maquereaux aiment à déposer leurs œufs, au nombre de plusieurs centaines de mille pour chaque mère. Il n'est donc pas étonnant qu'ils forment des légions si nombreuses. Si la plus grande partie d'entre eux n'était détruite en bas âge par d'autres poissons, des poulpes et des crustacés, la mer, au bout de peu d'années, ne pourrait suffire à les contenir.

Les maquereaux ont une aire d'habitat plus étendue vers le sud que celle des harengs. Ils habitent, dans l'Atlantique et dans la mer du Nord, depuis les parages de l'Islande, de l'Écosse et de l'Irlande, jusqu'au Portugal et même dans la mer Méditerranée, où ils séjournent toute l'année.

II

Nous avons vu que le hareng habite surtout l'Océan boréal, et qu'il ne descend guère dans l'océan Atlantique au delà du 45ᵉ degré de latitude.

Comme il ne se montre jamais dans la mer Méditerranée, les peuples civilisés de l'antiquité ne l'ont pas connu, tandis qu'il a été, au contraire, recherché de tout temps par les nations du Nord.

La pêche de ce poisson était déjà très florissante dans la mer Baltique et dans la mer du Nord lorsque, dans le courant du xᵉ siècle, en se convertissant au christianisme, les populations scandinaves renoncèrent à la piraterie.

A la suite de cet événement, la plupart des anciens pirates se firent pêcheurs, et leur nouvelle industrie prit une extension d'autant plus rapide que l'observation des lois de l'Église relatives aux jours d'abstinence était alors très rigoureuse.

En France, dès 1030, la pêche du hareng avait lieu sur une grande échelle le long des côtes de la Normandie, où elle constituait une sorte de monopole entre les habitants de Calais, de Dieppe, de Fécamp et du Tréport. D'ailleurs, Calais prétend être la première ville qui ait pratiqué la pêche du hareng.

Le commerce du poisson salé ne commença à Paris qu'au xII° siècle, par les soins de la Hanse parisienne ou Corps des marchands. Parmi ces poissons, les harengs furent les premiers qu'on vit paraître aux halles ; ils venaient de Rouen par la Seine.

Les pêcheurs de Dieppe allaient déjà, à cette époque, chercher ces poissons jusque dans la mer du Nord.

C'est saint Louis qui, en 1254, divisa la vente du poisson en *frais, salé* et *saur ;* cette distinction subsista jusqu'à Philippe de Valois, en 1345.

Guillaume de Villeneuve, dans son *Dictionnaire des cris de Paris,* a dressé une nomenclature fort curieuse, en vers, des cris de Paris au xIII° siècle.

Nous y trouvons le passage suivant, qui se rapporte tout à fait à notre sujet :

> Puis après orrez retentir
> De cels qui les *fres harens* crient.
> Or au *nivet* li autres dient :
> *Sor* et *blanc, harenc fres poudré,*
> *Harenc* nostre vendre voudré.
> *Menuise vive* orrez crier,
> Et puis *aletes* de la mer.

Ce qui veut dire en français moderne :

« Vous entendrez après les cris de ceux qui crient les harengs frais ou la vive, le hareng saur, le hareng blanc, frais et soupoudré... Vous vendrai-je de notre hareng ? Entendez-vous crier la même vive et les alètes de la mer ? »

Au moyen âge on donnait, en fauconnerie, le nom d'*alètes* aux faucons d'Asie, — mais il est assez difficile de préciser ce qu'étaient les « alètes de la mer ».

A Paris, les femmes qui vendaient le hareng portaient le nom de *harengères,* et demeuraient sur le Petit-Pont. Le poète Villon, qui écrivait au xv° siècle, fait une mention particulière de la célébrité qu'elles s'étaient déjà acquise par leur langage dépourvu d'élégance.

Ce furent des Français, des pêcheurs de Dieppe, qui imaginèrent au xii° siècle de fumer le hareng.

Ce n'est guère qu'à la même époque que les Hollandais commencèrent à s'occuper de cette pêche; mais ils nous dépassèrent bien vite, et dès la fin du xii° siècle ils employaient au moins deux mille bâtiments à cette exploitation.

De tout temps les pêcheurs ont eu recours à la salaison pour conserver les harengs; mais l'art de caquer les poissons a été, sinon inventé, du moins amené à l'état où il est encore pratiqué aujourd'hui, par le Hollandais Wilhelm Beuckels, pêcheur de Hugheurlier, en Zélande, qui vivait à la fin du xiv° ou au commencement du xv° siècle. Ce pêcheur fut, dit-on, aidé dans ses recherches par un de ses compatriotes, Jacques Quien, d'Ostende, dont le nom a été laissé dans l'oubli par la plupart des historiens.

Les Anglais et les Norvégiens imitèrent les Hollandais. Les Danois et les Suédois suivirent l'exemple de ces nations.

A ce propos, Philippe de Maizière écrivait au roi de France Charles VI :

« Les harengs font leur passage de la mer du Nord dans la Baltique, de septembre en octobre, et tant y en passe, qu'on pourrait les tailler avec l'épée. »

Mais c'est incontestablement la Hollande qui est surtout redevable à la pêche du hareng de sa prospérité et presque de son existence, et c'est avec raison qu'on a pu affirmer, selon un dicton répandu dans les Pays-Bas, qu'*Amsterdam est fondée sur des têtes de hareng.*

Lacépède, en un style plus pompeux, exprimait la même idée lorsqu'il disait :

« Le hareng est une de ces productions naturelles *dont l'emploi décide de la destinée des empires.* »

Quoique cette dernière affirmation soit empreinte d'une légère exagération, il est certain que la pêche du hareng est la plus abondante de toutes et peut-être la plus fructueuse.

Outre celle des migrations, les harengs ont donné lieu à bien d'autres légendes.

Les pêcheurs prétendaient, notamment, que leurs bandes innombrables étaient conduites par des individus plus gros et plus forts, que l'on désignait sous le nom de *rois des harengs.*

Voici à ce sujet un récit qui présente, outre son intérêt, le mérite de nous faire pénétrer dans quelques-uns des détails intimes de la vie des pêcheurs.

On sait que le *Doggerbank* est un banc de sable qui s'étend dans la mer du Nord, entre les côtes du Yorkshire et le Jutland. *Doggerbank* veut dire « bancs des chiens ». Mais le mot *dogger* ou *dogre,* servant aussi à désigner les gros bateaux pêcheurs hollandais qui exploitent ces parages, il est plus vraisemblable que Doggerbank signifie « banc des dogres ».

Or, un marin avait donné le nom de *Doggerbank* à son fils, et voici comment il racontait à ce dernier, âgé de douze ans, l'origine de cette étrange appellation [1].

« Oui, je t'apprendrai aujourd'hui même pourquoi tu portes ce, nom-là. Il ne te déplaira plus tant quand tu sauras qu'il me rappelle ma première et ma dernière pêche. C'est sur ce banc de sable, c'est sur le Doggerbank, qu'est venue s'échouer ma vie de pêcheur, cette vie où l'on vogue sous la la main de Dieu qui vous sauve à chaque marée.

« Je suis d'Yarmouth, comme mon père et mon grand-père, et je m'en vante. Si l'on nous traite, nous autres, de harengs salés d'Yarmouth (salés ou fumés, peu importe!), c'est que nous résistons au feu et à l'eau.

« Je n'ai pas fait comme mon père; j'ai quitté l'état; mais toi, enfant, tu feras comme lui, entends-tu? A ceux qui te voudront tenter, qui te parleront de devenir marin, officier, que sais-je? Il y a plus de langues flatteuses pour tirer un brave homme de son métier qu'il n'y a d'écumes de mer, de ser- pules et autres vermines le long de nos sables pour amorcer ton hameçon. A ceux donc qui te conseilleront d'aller chercher par le monde, comme ton père, la fortune et les honneurs, réponds :

---

[1] Nous empruntons ce curieux récit au *Magasin pittoresque,* t. XIX (1851), p. 395.

« Je n'irai pas au nord plus loin que l'île Fair, au midi plus bas que la Yare ; je ne quitterai pas la mer du Nord. Le Doggerbank m'a donné son nom, c'est mon parrain ; il me nourrira, et je ne m'éloignerai pas des flots qui le recouvrent.

« J'étais plus petit que toi, je n'avais guère plus de sept ans. C'était au printemps de 1773, quand mon père me dit :

« — James, tu viendras à la grande pêche. »

« Il y a maintenant quarante-cinq ans, et je n'ai pas oublié comme le cœur me bondit.

« Tout le monde était affairé sur le rivage et autour des barques. On achevait de tanner les seines, de réunir les barils, d'embarquer des tas de sel d'Espagne. Et moi, qui ne me sentais pas d'aise et me croyais d'un seul coup devenu homme, je voulais me mêler de tout. J'étais autour des chaudières où bouillait l'écorce de chêne, tantôt je voulais aider à soulever les filets qu'on y plonge pour les enduire de cette brune gelée qui les renforce. J'étais partout à la fois, sous les pas de tout le monde, et j'obtins quelques coups de pieds, quelques horions, sans en devenir plus sage.

« Enfin, toutes les barques appareillées, la flottille pavoisée, chaque homme à son poste, nous partîmes en poussant des hourras, et je tenais si bien ma partie dans le concert, que le second de mon père me jeta un seau d'eau salée, en disant que « ce petit phoque qui criait comme un lamantin « lui déchirait le tympan. »

« Le rendez-vous général était, comme de coutume, à Fair-Isle, entre les îles Shetland et les Orcades, et notre *Herring-Buss,* bonne voilière, eut bientôt pris les devants.

« Vers le soir, comme mon père, qui connaissait au mieux tous ces parages, venait d'annoncer qu'ayant dévié à l'est, nous étions à quinze brasses de fond sur le Doggerbank, — qui s'étend entre la plage de Scarborough et le Horn (la corne du Jutland), — je crus voir frémir au loin une longue ligne lumineuse, et je me frottai les yeux. D'abord, la mer était toute noire ; mais ses lames agitées s'étaient illuminées soudainement.

« — Voici les harengs ! » cria l'homme de garde.

« Je devins comme fou. Sans plus songer au serment que fait chaque pêcheur, au départ, de ne pas sortir un seul poisson de l'eau avant que la Saint-Jean soit passée, l'idée d'avoir le premier hareng de la pêche s'empara de mon esprit.

« Nous étions au 24 juin, mais loin encore de minuit ; de sorte qu'aucun des nôtres ne se fût avisé de jeter la seine.

« La colonne serrée qui nageait au-devant de nous menaçait d'entraver notre marche. La plupart de nos hommes s'occupaient de la manœuvre, les autres avaient l'air d'être comme fascinés par cette houle vivante ; car, sur la ligne sombre des eaux, chatoyaient, étincelaient de toutes parts des yeux miroitants et de luisantes écailles.

« Personne ne faisait attention à moi. Je pus me glisser vers l'avant, et, au risque de passer par-dessus bord, j'enfonçai dans ces flots animés une cape donnée par ma mère pour m'envelopper, et que j'avais, en cachette, amarrée à un bâton. Je la retirai lourde ; la respiration me manquait ; j'accourus vers le fanal de poupe et je n'eus plus assez d'yeux pour admirer, au milieu d'un menu fretin qui retomba autour de moi en frétillant sur les planches, un énorme hareng, d'argent dessous, vert changeant sur le dos, comme ceux que les Hollandais nomment *groene harengs,* et qui, à leur arrivée en juin, guérissent toutes les maladies. Aussi beau qu'un fin poisson de premier choix, il était plus gros qu'un hareng de juillet de la Saint-Jacques. Comme j'étais en contemplation à admirer ma prise, le second de mon père, le bosseman, s'élança vers moi en poussant une clameur à me renverser.

« — Malheureux enfant ! cria-t-il. C'est fait de nous ! Il a pêché le roi des harengs ! »

« Mon père m'arracha des mains ma cape, qu'il lança dans la mer avec le beau poisson.

« — C'est égal, reprit le contremaître (un Frison, qui ne m'aimait point). Hareng hors de l'eau, hareng mort ! Celui-ci n'en réchappera pas ; il ne nous ramènera plus, chaque printemps, l'armée de ses compagnons. Maintenant je ne donnerais pas une caque vide de toute notre pêche. »

« A dater de ce moment, je n'eus plus que rebuffades et fus malmené par tout l'équipage.

« La pêche donna pourtant cette année plus qu'il n'était encore arrivé de mémoire d'homme, si bien que la mer ne semblait pas assez vaste pour contenir les innombrables bandes de harengs qui, poursuivies par les chiens de mer et les morues, poussaient devant elles les raies, les plies, les flétans et les carrelets. Toutes les petites baies étaient obstruées de poissons. On vendit un penny (dix centimes) les trente-quatre douzaines de harengs ; on en donna gratis à qui en voulut, et les barques en étaient tellement chargées que quelques-unes, trop petites pour un pareil fardeau, sombrèrent.

« Sur notre pont, il n'y avait plus de place pour la manœuvre. Notre contremaître eut le bras démis en tirant la seine pour la troisième fois.

« — La faute encore de ce petit requin d'eau douce ! » dit-il.

« Les filets, surchargés, rompirent à notre deuxième voyage, toujours sur le Doggerbank. Enfin un dogre hollandais, accourant à force de voiles, nous aborda à tribord, et il en résulta de telles avaries qu'il fallut renoncer à tenir la mer, et revenir au port se faire radouber. Il n'y eut donc que pertes pour nous dans cette miraculeuse pêche qui enrichissait nos voisins. Je fus montré au doigt comme un porte-malheur, et voilà pourquoi, l'année d'après, j'étais mousse sur un de nos corsaires.

« Mais j'ai décidé que toi, tu serais pêcheur, et c'est pourquoi je t'ai nommé Doggerbank. Mais tu te rappelleras qu'il ne faut jeter ni hameçon ni filet, avant que la Saint-Jean soit passée. »

Ce récit nous donne à la fois une idée des croyances des pêcheurs et des scènes de la pêche.

Les mouvements d'une colonne de harengs en marche produisent une rumeur rappelant le bruit de la pluie tombant à larges gouttes. Le jour, ils donnent à la mer une apparence blanchâtre, laiteuse ; dans l'obscurité, ils sont phosphorescents. D'autre part, leur approche est signalée aux pêcheurs par d   bandes de mouettes et d'autres oiseaux de mer qui les suivent constamment et qui en font leur proie.

Lorsque les bandes ne paraissent pas à la surface de la mer, on immerge des lignes de fond amorcées de petits crustacés, et on ne tarde pas à les retirer garnies de harengs, si l'on a rencontré un banc de ces poissons.

C'est presque toujours la nuit que l'on jette les filets, parce que la pêche du hareng, — comme d'ailleurs toutes les autres pêches, — est plus fructueuse la nuit que le jour, le poisson venant alors plus volontiers à la surface de l'eau.

La grandeur de ces filets ne permet pas qu'on les manœuvre à la main. C'est au moyen d'un cabestan qu'on les lance à l'eau et qu'on les retire. On place à l'un des bouts du filet une bouée de forme conique, qui indique sa position à mesure que le navire s'éloigne. Des pierres attachées à la partie inférieure l'immergent verticalement, et des barils vides font surnager la partie supérieure. Lorsque la totalité du filet est à l'eau, le navire dérive le plus lentement possible.

La grandeur des mailles est calculée de telle sorte que le hareng y est retenu par les ouïes et les nageoires pectorales, lorsque sa tête s'y engage.

Tous les harengs qui rencontrent le filet, voulant forcer l'obstacle qui s'oppose à leur marche, s'engagent dans les mailles et y restent accrochés. Pour que cette opération ait un résultat satisfaisant, il ne faut pas que le filet soit tendu. Lorsqu'on présume qu'il y a autant de poissons maillés que le filet peut en contenir sans se rompre, on le retire de la même façon qu'on l'a jeté.

Quelquefois, il ne faut qu'un instant pour garnir un filet de ces poissons. D'autre fois, une marée entière suffit à peine. On regarde généralement la pêche comme très abondante lorsqu'au bout de deux heures les matelots se trouvent forcés de retirer le filet.

La pêche est souvent troublée par les requins et autres espèces voraces qui se tiennent sans cesse à proximité des bancs de harengs, qu'ils déciment pour s'en nourrir ; elle l'est surtout par la *chimère antarctique* qui les accompagne toujours, et à laquelle on a donné aussi parfois le nom de « roi des harengs ». Tous ces poissons, fort gros et fort voraces, sont doublement nuisibles. En s'engageant dans les filets, ils en détournent les harengs et souvent, par les efforts qu'ils font pour passer au travers, ils brisent les mailles. Il y a des années et des endroits où ils sont en si grand nombre, que les pêcheurs sont obligés d'abandonner la pêche.

Le hareng meurt aussitôt qu'il est hors de l'eau, et lorsque la température est chaude il ne tarde pas à se corrompre ; il est donc absolument indispensable de lui faire subir, dès qu'il est pris, une préparation préservatrice. Un matelot, qu'on nomme *cagneur,* « habille » les poissons, c'est-à-dire qu'il leur coupe la gorge, leur enlève les ouïes et les entrailles, les lave et les jette dans des caques ou baquets en chêne, où ils subissent la première salaison dans la saumure, soit à bord même, soit sur la côte si elle est proche.

Au bout de quinze ou dix-huit jours on les retire de cette saumure et on les met, avec une grande quantité de sel, dans une tonne où ils restent jusqu'à ce que la pêche soit terminée et qu'on soit arrivé au port : on obtient ainsi les harengs braillés.

On les ôte ensuite de la tonne et on les dispose avec soin dans des barils, les uns sur les autres, avec une nouvelle couche de sel.

Pour la préparation des harengs saurs, les poissons restent au moins vingt-quatre heures dans la saumure, puis on les enfile par les ouïes à de petites baguettes de bois, que l'on suspend à l'intérieur de cheminées spéciales, dites *roussables,* où l'on fait un petit feu de bois produisant beaucoup de fumée. Les harengs restent ainsi exposés jusqu'à ce qu'ils soient suffisamment secs, ce qui a lieu généralement au bout de vingt-quatre heures. Ce sont les plus gros et les plus gras que l'on prépare ordinairement ainsi. C'est, d'ailleurs, de toutes les préparations, celle qui conserve le mieux le hareng.

La pêche du hareng, — d'après tout ce que nous venons de relater, — présente de multiples avantages.

C'est celle qui se pratique la première, c'est une des plus abondantes ; elle peut se faire sur un grand nombre de points, elle procure un excellent poisson à l'état frais, et enfin ce poisson salé ou fumé donne lieu à une branche de commerce plus considérable encore que celle de la morue.

Le Danemark et la Suède ne pêchent guère le hareng que pour leur consommation locale. Les Écossais, qui ont les principales pêcheries, emploient quarante mille bateaux. Les Hollandais, de deux mille navires qu'ils affectaient autrefois à cette pêche, n'en ont plus aujourd'hui qu'une centaine.

En France, les ports d'armement pour la mer du Nord sont Boulogne et Fécamp. Il y a environ deux mille pêcheurs qui se rendent dans ces parages.

La pêche dure de mai à novembre. Les bateaux qui s'y livrent viennent trois ou quatre fois pendant la campagne décharger dans les ports de France les barriques pleines de harengs, réparer quelques avaries et compléter leurs approvisionnements pour reprendre aussitôt la mer.

Les pêcheurs de la mer du Nord sont donc ceux de nos pêcheurs de haute mer qui restent le moins longtemps isolés.

D'une manière générale, les bateaux commencent la saison au sud des Shetlands, puis tous les quinze jours ils se déplacent vers le sud et arrivent ainsi jusqu'en face de Douvres. Quelques bateaux agrandissent leur rayon de pêche en pénétrant dans la mer d'Irlande.

Le butin recherché est surtout le hareng.

Cependant la pêche du maquereau est aussi très active, et il nous reste à en dire quelques mots.

En exposant l'histoire naturelle du maquereau, nous avons dit que ce poisson est, comme le hareng, extrêmement abondant dans nos mers au printemps et en été.

Il est tellement vorace qu'on peut le prendre avec une ligne tout simplement amorcée de drap rouge.

Mais le plus ordinairement cette pêche se fait au filet. Elle est particulièrement prospère dans la mer du Nord, dans le Pas-de-Calais et dans la Manche. Aussi pendant toute la belle saison voit-on des maquereaux sur nos marchés en plus ou moins grande quantité.

Lorsque la pêche est très fructueuse, on en prépare un certain nombre en les vidant, en les mettant dans du sel et en les entassant ensuite, comme des harengs, dans des barils, ou en les conservant, comme des sardines, dans de l'huile.

Les produits de la pêche du hareng et du maquereau sont très rémunérateurs.

Ils le seraient bien plus, surtout en ce qui concerne le hareng, si nos armateurs pour cette pêche, au lieu de se borner à écouler leurs produits en France, essayaient de « concurrencer » les harengs écossais et les harengs hollandais sur les marchés de Dantzig et de Kœnigsberg, qui constituent, pour cette denrée, un débouché considérable; car les harengs salés, dans cette partie de la Prusse, forment la nourriture presque exclusive des ouvriers des villes et des travailleurs des campagnes.

CONCLUSION

Les progrès de l'industrie des pêches de haute mer dépendent de deux facteurs : l'abondance du poisson, les procédés de pêche.

Outre que, par le jeu normal des phénomènes naturels, le poisson paraît être toujours aussi abondant dans toutes les mers, des tentatives nombreuses, faites de toutes parts dans ces dernières années, semblent avoir démontré que la pisciculture marine est tout aussi praticable et tout aussi fructueuse que la pisciculture d'eau douce.

Elle a été effectuée pratiquement aux États-Unis, notamment pour la morue.

En ce qui concerne les procédés de pêche, depuis une trentaine d'années, l'emploi des bâtiments à vapeur a été introduit dans cette industrie.

Cette innovation présente plusieurs avantages considérables.

En premier lieu, la vapeur soustrait la pêche à certains aléas que lui font courir les variations météorologiques lorsqu'elle est pratiquée avec des voiliers, et régularise, par conséquent, le travail à la mer.

En second lieu, les évolutions sont plus rapides, moins fatigantes, plus sûres, ce qui permet d'augmenter considérablement le rendement que donneraient dans un temps égal les navires à voile, — la vapeur pouvant être appliquée, tout à la fois, à la propulsion des embarcations et à la manœuvre des engins de pêche.

La vapeur se prête à tous les modes de pêche, soit aux lignes de fond, soit au chalut, soit à l'emploi des filets flottants, pour la capture du hareng et du maquereau.

Malgré ces multiples avantages, en France, les ports qui arment les bâtiments à vapeur pour la pêche au large sont assez peu nombreux.

Boulogne a trois « chalutiers » à vapeur et dix-sept « cordiers »; Dieppe, cinq chalutiers à vapeur et huit cordiers; Boulogne compte cent quatre-vingts voiliers munis de haleurs à vapeur. Fécamp en arme quarante.

Quelques-uns de ces derniers pratiquent le « chalutage » dans la Manche du nord-est et dans la mer du Nord; mais la plupart se livrent à la pêche du maquereau dans la mer d'Irlande, et à celle du hareng, en une autre saison, dans la mer du Nord.

L'Angleterre compte plus de sept cents navires de pêche à vapeur et un bien plus grand nombre de voiliers munis de haleurs mécaniques.

L'Allemagne arma le premier vapeur pour la pêche de haute mer en 1884. Actuellement elle en a plus de quatre-vingts.

La Hollande, la Belgique, l'Espagne elle-même entrent résolument dans la voie de l'application de la vapeur à la pêche de la haute mer.

Là est, en effet, ou paraît être la solution d'une foule de problèmes que nous avons abordés au cours de cette étude.

FIN

TABLE

31304. — Tours, impr. Mame.

FORMAT IN-4°, 3ᵉ SÉRIE

www.ingramcontent.com/pod-product-compliance
Lightning Source LLC
Chambersburg PA
CBHW070501200326
41519CB00013B/2665